AF873370

EDGAR LOENING

DIE HAFTUNG DES STAATS AUS RECHTSWIDRIGEN HANDLUNGEN SEINER BEAMTEN NACH DEUTSCHEM PRIVAT- UND STAATSRECHT

Elibron Classics
www.elibron.com

Elibron Classics series.

© 2005 Adamant Media Corporation.

ISBN 1-4212-5114-0 (paperback)
ISBN 1-4212-5111-6 (hardcover)

This Elibron Classics Replica Edition is an unabridged facsimile
of the edition published in 1879,
Dorpat.

Elibron and Elibron Classics are trademarks of
Adamant Media Corporation. All rights reserved.

This book is an accurate reproduction of the original. Any marks, names, colophons, imprints, logos or other symbols or identifiers that appear on or in this book, except for those of Adamant Media Corporation and BookSurge, LLC, are used only for historical reference and accuracy and are not meant to designate origin or imply any sponsorship by or license from any third party.

DIE

HAFTUNG DES STAATS

AUS

RECHTSWIDRIGEN HANDLUNGEN SEINER BEAMTEN

NACH

DEUTSCHEM

PRIVAT- UND STAATSRECHT.

Druckerei von August Osterrieth in Frankfurt a. M.

DIE
HAFTUNG DES STAATS
AUS
RECHTSWIDRIGEN HANDLUNGEN SEINER BEAMTEN
NACH
DEUTSCHEM
PRIVAT- UND STAATSRECHT.

EINE FESTSCHRIFT

VON

Dr. Edgar Loening
ord. Professor der Rechte a. d. Universität Dorpat

DORPAT 1879.

Gedruckt auf Verfügung der Juristen-Facultät der Kaiserlichen Universität Dorpat.

DORPAT, den 10. Juli 1879.

Professor Dr. J. Engelmann,
Decan.

Nr. 119.

HERRN

J. C. BLUNTSCHLI

Doctor der Rechte

ordentl. Professor der Rechte a. d. Universitat Heidelberg

Grossherzogl. Badischer Geh. Rath

ZUR FEIER DES TAGES

AN WELCHEM DERSELBE VOR

FÜNFZIG JAHREN

DIE WÜRDE EINES

DOCTOR DER RECHTE

ERLANGT HAT

GLÜCKWÜNSCHEND DARGEBRACHT

VON DER

JURISTEN-FACULTÄT

DER

KAISERLICHEN UNIVERSITÄT DORPAT

DEN 3. AUGUST 1879.

Inhalts-Verzeichniss.

I.

Die Frage, ob und in wie weit der Staat aus rechtswidrigen Handlungen und Unterlassungen seiner Beamten ersatzpflichtig wird für den dritten Personen dadurch verursachten Vermögensschaden, befindet sich unzweifelhaft sowohl in der Theorie wie in der Praxis gegenwärtig in einer wenig befriedigenden Lage. Seit der im Jahre 1863 erschienenen Abhandlung *Zachariae's*[1] ist die Aufmerksamkeit zwar vielfach auf diesen ebenso wichtigen wie interessanten Gegenstand gelenkt worden, ohne dass ihm jedoch eine neue eingehende Untersuchung gewidmet worden wäre. Und doch dürfte derselbe einer solchen dringend bedürfen, um eine grössere Klarheit in Bezug auf das Prinzip und den Umfang der dem Staate zugeschriebenen Schadensersatzpflicht anzubahnen. Auch hat die Frage selbst in den letzten Jahrzehnten in Deutschland eine noch grössere praktische Bedeutung erlangt, als ihr früher zukam. In Preussen und einer Reihe von andern Staaten ist das Gebiet der Selbstverwaltung ausserordentlich ausgedehnt worden. Zahlreiche staatliche Aufgaben, die früher von berufsmässigen Staatsbeamten ausgeführt wurden, sind jetzt den Organen der Selbstverwaltung übertragen worden, den Gemeinden, den Kreisen, den Provinzen. Dieselben Grundsätze aber, welche in Bezug auf die Haftungsverbindlichkeit des Staats aus den rechtswidrigen Handlungen und Unterlassungen seiner Beamten als richtig anerkannt werden, müssen auch auf die Gemeinden, Kreise u. s. w. Anwendung finden. Dazu kommt, dass die neuere Verwaltungsgesetzgebung fast überall bestrebt ist, das Gebiet, auf dem die Behörden nach ihrem Ermessen zu handeln haben, einzuschränken, an die Stelle allgemein gehaltener Vollmachten genaue, in das Einzelne gehende

[1] *H. A. Zachariae*, Ueber die Haftungsverbindlichkeit des Staats aus rechtswidrigen Handlungen und Unterlassungen seiner Beamten, in der Zeitschrift für die gesammte Staatswissenschaft XIX, 582—652.

Rechtsnormen zu setzen, welche den Beamten *gesetzliche* Vorschriften für die Ausführung geben. Die Tendenz der Gesetzgebung geht vor Allem dahin, die Zwangsgewalt des Staats gegenüber der Freiheitssphäre des Einzelnen bestimmt abzugrenzen. Je mehr aber die Gesetzgebung diesen Zweck erreicht, um so wichtiger ist es selbstredend auch die Rechtsfolgen zu bestimmen, welche eine Ueberschreitung der Rechtsnormen durch die staatlichen Organe nach sich ziehen, um so mehr muss die Frage Beachtung verdienen, ob und in wieweit diese Rechtsfolgen nicht nur das einzelne Organ, durch welches die Rechtsverletzung herbeigeführt wurde, sondern auch den Staat selbst treffen.

Die Resultate, zu denen *Zachariae* in seiner angeführten Abhandlung gelangt ist, haben in der Literatur vielfach Billigung gefunden und, wenn wir zunächst von einigen abweichenden Stimmen absehen, so darf es gegenwärtig als die herrschende Ansicht bezeichnet werden, dass nach gemeinem Recht der Staat, soweit er als Fiscus mit dritten Personen in privatrechtlichen Verhältnissen steht, für die rechtswidrigen Handlungen und Unterlassungen nach denselben Grundsätzen zu haften hat, wie jede privatrechtliche juristische Person für die ihrer Vertreter; dass der Staat dagegen, sofern es sich um die Ausübung von Hoheitsrechten handelt, für den Schaden, den ein Beamter als Organ des Staats innerhalb seines Wirkungskreises durch unrechtmässiges Handeln oder pflichtwidriges Unterlassen einem Andern zufügt, diesem letztern ersatzpflichtig wird. [1]

Freilich weichen die einzelnen Schriftsteller zum Theil weit von einander ab, sowohl was die Begründung der Haftungsverbindlichkeit des Staats betrifft als in Bezug auf den Umfang derselben, wie endlich insbesondere bezüglich der Frage, ob der Staat nur subsidiär nach dem Beamten oder mit diesem zugleich direkt ersatz-

---

[1] *Zachariae* a. a. O. S. 615 u. ff.; ferner deutsches Staats- und Bundesrecht I, § 140, II, 54—59; ihm schliesst sich durchweg an *v. Gerber*, Grundzüge eines Systems des deutschen Staatsrechts § 63 (S. 206 u. ff.). S. ferner *Zöpfl*, Grundsätze des gemeinen deutschen Staatsrechts § 520 II, 801—813; *G. Meyer*, Lehrbuch des deutschen Staatsrechts (1878) § 149, S. 378 u. f. — *Windscheid*, Lehrbuch der Pandecten § 470 II, 765; *Seuffert*, Practisches Pandectenrecht (4. Aufl.) § 338, II, 252; *Roth*, Bayrisches Civilrecht § 35, I, 226; *Stobbe*, Handbuch des deutschen Privatrechts, § 201 III, 397—401. *Schulze* in dem Preussischen Staatsrecht und *Laband* in dem Staatsrecht des deutschen Reichs sprechen sich über die Frage nicht aus.

pflichtig sei. Ja, es befinden sich sogar die meisten derselben, wie später des Nähern nachzuweisen sein wird, mit sich selbst in Widerspruch, indem sie ohne genügende Begründung, zum Theil ohne jede Begründung ganz andere Grundsätze über die Haftungsverbindlichkeit der juristischen Personen im allgemeinen aufstellen, als sie später in Bezug auf den Staat zur Anwendung bringen. Eine befriedigende Lösung der Frage, weshalb denn eine Verpflichtung des Staats rechtlich anzunehmen sei für den durch seine Beamten in Ausführung ihrer Amtsfunctionen verübten Schaden, ist bisher nirgends gegeben, soweit diese Verpflichtung nicht auf die ausdrückliche Bestimmung eines positiven Gesetzes gestützt werden kann. Die Aeusserungen der angeführten Schriftsteller, sowie vieler Anderer, die gelegentlich die Frage berühren, deuten nur darauf hin, dass das *Rechtsgefühl* der Gegenwart eine Haftungsverbindlichkeit des Staats verlangt, aber sie sind weit davon entfernt das Prinzip derselben zu erweisen.

Freilich fehlt es auch nicht an gewichtigen Stimmen, welche sich *gegen* eine Haftungsverbindlichkeit des Staats aus rechtswidrigen Handlungen, welche seine Beamte bei Ausführung der öffentlich rechtlichen Functionen des Staats begehen, aussprechen, während sie den Staat als Fiscus den privatrechtlichen Korporationen gleichstellen.[1] Aber es ist nicht zu läugnen, dass diese die Haftpflicht des Staats verneinenden Stimmen einen genügenden Beweis für ihre Behauptung nicht erbracht haben, und den in Betracht kommenden Gesichtspunkten nicht in ausreichendem Maasse gerecht geworden sind.

Auch der deutsche Juristentag hat sich mehrfach mit der vorliegenden Frage beschäftigt, ohne zu einer befriedigenden Lösung derselben zu gelangen. Dem VI. Juristentag (1867) ward die Frage vorgelegt: »Soll der Staat, beziehungsweise die Gemeinde, für

---

[1] *v. Rönne,* Staatsrecht der Preuss. Monarchie § 341 II a. S. 519 u. f. — *Bluntschli,* Gutachten in den Verhandlungen des VI. deutschen Juristentags I (1865), S. 45—52, bes. S. 49. — Derselben Ansicht neigt sich auch zu *R. v. Mohl,* Polizeiwissenschaft I, 42. Ferner *L. v. Stein,* Verwaltungslehre I, 1 (2. Aufl. 1868) S. 369: »Es ist nicht einzusehen, weshalb der Staat die Haftung für die Handlungen seiner Beamten übernehmen solle, welche er nicht nur nicht befohlen oder veranlasst, sondern welche er direkt verboten und strafbar erklärt hat«.

Schäden und Nachtheile, welche die von ihnen angestellten Beamten durch vorsätzliche oder kulpose Verletzung ihrer Dienstpflichten einem Dritten zufügen, überhaupt haften und, bejahenden Falls, in erster Reihe unbedingt oder nur subsidiär?« *Zachariae* und *Bluntschli* waren zu Gutachten aufgefordert. Ersterer verwies auf seine 1863 erschienene Abhandlung, letzterer fasste, indem er sich wesentlich auf den privatrechtlichen Standpunkt stellte, seine Ansicht dahin zusammen, dass prinzipiell eine allgemeine Ersatzpflicht des Staats nicht anzunehmen sei, dass aber ausnahmsweise aus besondern Gründen eine derartige Verbindlichkeit anerkannt werden müsse, wobei es dann von der Art des besondern Rechtsgrunds abhänge, ob dieselbe in erster Reihe oder nur subsidiär einzutreten habe.[1] In den Verhandlungen sprach sich der Berichterstatter, Kreisgerichtsdirektor *von Stösser* (aus Lörrach in Baden) in einem längern Referat wesentlich im Sinne *Zachariae's* aus. *Brinz* und *Mandry* aus Tübingen erhoben jedoch, wenn auch nur in Kürze, Bedenken dagegen und beantragten, dass der Juristentag sich den von *Bluntschli* aufgestellten Sätzen anschliesse. Auf Vorschlag *Gneist's* erklärte sich die Versammlung indess dahin, dass zwar der Staat, bezw. die Gemeinde für Schäden und Nachtheile, welche die von ihnen angestellten Beamten durch vorsätzliche oder kulpose Verletzung ihrer Dienstpflicht einem Dritten zufügen, zu haften haben; dass aber die Vorbedingungen dieser Verhaftung einer nochmaligen Erörterung im Einzelnen bedürfen, welche dem nächsten Juristentag vorbehalten werde.[2] — Jedoch kam die Frage erst auf dem IX. Juristentag (1871) zur abermaligen Verhandlung, nachdem schon 1869 *K. von Kissling* (aus Linz) ein neues Gutachten geliefert hatte. Dies letztere, von der Haftpflicht des Staats und der Gemeinden ausgehend, suchte dieselbe namentlich aus rechtspolitischen Gründen zu rechtfertigen.[3] Indessen sprach sich auf dem Juristentag der Referent, Justizrath *Primker* aus Berlin, in einer sehr eingehenden Auseinandersetzung gegen die »Haftung des Staats als Regierung für die Handlungen der Regierungsbeamten« aus und beantragte, die Haftung des Staats

---

[1] Verhandlungen des VI. deutschen Juristentags I, 45—52.

[2] a. a. O. III, 55—80; 323 u. ff.

[3] Verhandlungen des VIII. Juristentags I, 388—411.

für Amtshandlungen seiner Beamten nur dann für gerechtfertigt zu erklären

a) wenn eine Bereicherung des Staats stattgefunden habe,

b) sonst nur, wenn die Pflicht, welche der Beamte verletzt hat, im Privatrecht begründet sei, namentlich wenn diese Pflicht die dem Staate obliegende Verwaltung von Geldern und Sachen betreffe.

In Folge des Gutachtens und des Referats erörterte der Juristentag nicht sowohl die Bedingungen, unter denen die prinzipiell von dem VI. Juristentag angenommene Haftpflicht des Staats verwirklicht werden solle, als vielmehr wiederum die prinzipielle Frage, ob der Staat überhaupt für haftpflichtig zu erkennen sei oder nicht. Man war am Schluss der Debatte ungefähr ebensoweit, wie man 1867 gekommen war. Dass die Frage in keiner Weise einer Lösung entgegengeführt sei, ward von *Degenkolb* richtig hervorgehoben, der denn auch für eine nochmalige Hinausschiebung der Entscheidung sich aussprach. Doch nahm der Juristentag den Antrag *Zachariae's*, der selbst in die Debatte eingegriffen und seine Ansichten nochmals auseinander gesetzt hatte, an und beschloss:

»Der deutsche Juristentag spricht seine Ueberzeugung dahin aus, dass der Staat bei seiner Gesetzgebung in Betreff der Schadenszufügung seiner Beamten das Prinzip der direkten Haftungsverbindlichkeit des Staats zur Grundlage zu nehmen habe«.[1]

Doch ward dieser Antrag nur gegen eine erhebliche Minorität angenommen, die theils eine Verschiebung der Frage, theils eine Lösung derselben im entgegengesetzten Sinne wollte.

Viel war durch die mehrfachen Verhandlungen und Beschlüsse des Juristentags nicht gewonnen. Weder in den Gutachten noch in den Debatten ward die Frage, was denn geltendes Recht ist, genügend erörtert, wie denn meist nicht gehörig geschieden wurde zwischen dem, was zu Recht besteht, und dem, was künftig zum Recht erhoben werden sollte. Die Debatten trugen vielfach einen politischen Charakter an sich. Mit Annahme des obigen Antrags wollte man keineswegs sagen, dass der Staat in allen Fällen haften sollte; auch von seinen Vertheidigern ward zugestanden, dass in bestimmten Fällen die Haftverbindlichkeit nicht eintreten solle. Doch

---

[1] Verhandlungen des IX. Juristentags III, 26—63, 340 u. ff.

geht aus den Verhandlungen nicht klar hervor, welches Prinzip über Regel und Ausnahmen zu bestimmen habe. Endlich hatte *Zachariae* sowohl in seiner Abhandlung als in seiner auf dem Juristentag gehaltnen Rede die *subsidiäre* Haftbarkeit des Staats vertheidigt, von der er nur in besondern Fällen eine Ausnahme zu Gunsten der unmittelbaren Haftbarkeit zulassen wollte, und doch hatte er den von dem Juristentag angenommenen Antrag formulirt, dass der Staat das Prinzip der *direkten* Haftungsverbindlichkeit zur Grundlage zu nehmen habe!

In dem positiven Recht, sowohl in dem gemeinen Recht wie in den neuern Particulargesetzgebungen, findet sich eine geschriebene ausdrückliche Entscheidung der Frage nicht. Nur für einzelne Fälle statuiren die Gesetze einzelner Staaten ausdrücklich, dass der Staat für die Verschulden seiner Beamten zu haften habe. Soweit solche Gesetze nicht vorliegen, haben die Gerichte die an sie gebrachten Rechtsfälle aus der Theorie zu entscheiden. Aber auch in der Praxis der höchsten deutschen Gerichtshöfe tritt uns keine einheitliche Rechtsüberzeugung entgegen.

Sowohl was die Haftung des Staats aus rechtswidrigen Handlungen, deren sich seine Beamte in privatrechtlichen Verhältnissen des Fiscus schuldig gemacht haben, als was die Haftung des Staats betrifft aus rechtswidrigen Handlungen, die die Beamten bei Ausübung der staatlichen Hoheitsrechte begehen, weichen die verschiedenen höchsten Gerichte in ihrer Rechtsprechung ab, während nicht selten auch die Rechtsprechung eines und desselben Gerichts in verschiedenen Zeiten von verschiedenen Prinzipien ausgeht. Auch diejenigen Gerichte, welche zu demselben Resultat gelangen, suchen zum Theil doch in sehr verschiedener Weise ihre Rechtsansicht zu begründen.

Bei dieser Unsicherheit der Praxis und der Theorie dürfte es gerechtfertigt sein, wenn auf den folgenden Blättern der Versuch gemacht wird, auf dem Wege der historischen und dogmatischen Untersuchung zunächst das geltende Recht festzustellen, dann aber auch zu prüfen, inwieweit dasselbe den Forderungen der Gerechtigkeit entspricht.

II.

Der heute noch herrschenden Ansicht in Bezug auf die privatrechtliche Verpflichtung, Schadensersatz zu leisten, hat ihren prägnantesten Ausdruck gegeben *Ihering* in seiner anregenden und geistvollen Schrift über das Schuldmoment im römischen Privatrecht: »Nicht der Schaden verpflichtet zum Schadensersatz, sondern die Schuld.« Als den wichtigsten der Gesichtspunkte, auf welche das Charakteristische und Bedeutungsvolle der Theorie der römischen Juristen zurückzuführen sei, bezeichnet er: die strenge Durchführung des Satzes, dass nicht der Schaden als solcher, sondern lediglich die Verschuldung eine Verantwortlichkeit für die That und damit die Verpflichtung zum Schadensersatz begründe. Der Gedanke, auf dem dieser Satz beruhe, sei der ewige wahre Satz: kein Uebel ohne Schuld.[1] Daraus ergebe sich denn auch, in wieweit eine Haftung für Handlungen dritter Personen gerechtfertigt sei: »Wer blos einen Andern für irgend eine Verrichtung auszusuchen hat, haftet konsequenterweise lediglich für die dabei begangene Nachlässigkeit (culpa in eligendo), wer dagegen die Leistung selber zu beschaffen hat und sie durch einen Andern vornehmen lässt, haftet für dessen culpa schlechthin.«[2] Das römische Recht lasse nur in einigen ganz speziellen Fällen aus polizeilichen Gründen (utilitatis publicae causa) eine Haftung ohne nachweisbare eigne Schuld für Handlungen anderer Personen eintreten[3]. Während *Ihering* den Nachweis zu erbringen suchte, wie im römischen Recht erst im Laufe der Entwicklung sich diese Grundsätze aus einer rohen Auffassung, die einer Periode der Leidenschaftlichkeit im Recht angehörte, herausgearbeitet haben, ward

---

[1] Wiederabgedruckt in den Vermischten Schriften jurist. Inhalts (1879) S. 199, 163.

[2] a. a. O. S. 207. Vgl. *Ihering* in den Jahrbüchern für Dogmatik IV, 84, 85.

[3] a. a. O. S. 204.

gleichzeitig von anderer Seite sogar behauptet, es sei ein Axiom eines jeden Rechtssystems, dass das einzelne Individuum nur für *den* Schaden verantwortlich werde, welchen seine eignen zurechenbaren Handlungen in rechtswidriger Weise den Interessen eines andern zugefügt haben. Zwar fänden sich in jedem Rechte auch positive Normen, die einen engern oder weitern Kreis von Ausnahmefällen statuirten, in welchen auch für die Verschuldung eines Dritten gehaftet werden müsse. Der Grund solcher Ausnahmsbestimmungen liege aber allemal nur in einer Berücksichtigung der aequitas auf Unkosten der strengen Rechtskonsequenz.[1]

Müssten diese Sätze als richtig anerkannt werden, so könnte m. E. eine Ersatzpflichtigkeit des Staats wie überhaupt der juristischen Personen für die durch deren Beamten rechtswidrig verursachten Vermögensschädigungen nicht angenommen werden, soweit nicht ein positiver Rechtssatz dieselben ausdrücklich statuirt. »Die aus der Rechtsconsequenz geschöpfte Vermuthung würde stets dagegen sprechen.«[2] Die juristische Person, mag man rechtlich den Begriff construiren, wie man will, kann immer nur durch physische Personen, die als ihre Organe functioniren, einen Willen erzeugen und einen Willen bethätigen. Von einer Schuld der juristischen Person, von einem dolus, einer culpa derselben kann niemals im eigentlichen Sinne die Rede sein; nur die physischen Personen, die ihre Organe sind, vermögen dolus oder culpa zu begehen. Auch können niemals dolus oder culpa, deren sich die Organe schuldig machen, als dolus oder culpa der juristischen Person angesehen werden. Denn die Willenserklärung und die Willensbethätigung ihrer Organe sind und bleiben immer Erklärung und Bethätigung des Willens physischer Personen; nur das Recht ist es, welches verursacht, dass die rechtlichen Wirkungen der Handlungen und Unterlassungen der letztern nicht die Vertreter, sondern die juristische Person treffen. Das subjective Moment der Verschuldung, auf dem der dolus oder die culpa beruhen, kann aber als ein rein innerliches auch von dem Recht nicht auf eine andere Person übertragen werden, weder auf eine physische noch auf eine juristische. Das Recht kann höchstens die

---

[1] *Fr. von Wyss,* die Haftung für fremde Culpa (1867) S. 1.

[2] *v. Wyss* a. a. O.

Wirkungen, welche ein dolus oder eine culpa eines Organs einer juristischen Person rechtlich nach sich ziehen, nicht für den Vertreter, sondern für die vertretene juristische Person eintreten lassen. Beruht aber die Schadensersatzpflicht nur auf dem Rechtsprincip: »Nicht der Schaden verpflichtet zum Schadensersatz, sondern die Schuld«, so wird es von diesem Princip aus niemals zu rechtfertigen sein, dass die Verpflichtung Schadensersatz zu leisten einer Person auferlegt wird, die ihrer rechtlichen Natur nach weder dolus noch culpa begehen kann. Würde ein Rechtssatz aus Nützlichkeitsgründen einer juristischen Person eine Haftungsverbindlichkeit aus den rechtswidrigen Handlungen und Unterlassungen ihrer Vertreter zuwälzen, so würde darin eine nicht zu rechtfertigende Ungerechtigkeit liegen. Entspringt principiell die Schadensersatzpflicht nur der Schuld, so kann sie gerechterweise niemals auf eine Person übertragen werden, die von jeder Verschuldung an dolus und culpa befreit ist, weil sie deren überhaupt nicht fähig ist.[1] Nützlichkeitsgründe oder aequitas könnten eine solche Uebertragung so wenig rechtfertigen, wie sie es rechtfertigen würden, wollte der Staat statt über den schuldigen Thäter über einen Unschuldigen eine Strafe verhängen.

Es wird sich aber fragen, ob denn überhaupt der Satz richtig ist, dass die Schadensersatzverbindlichkeit gerechter Weise allein auf die Verschuldung gegründet werden könne. Es soll nicht geläugnet werden, dass die Verschuldung, die Schädigung durch eine rechtswidrige Handlung oder Unterlassung, welche einem Menschen zugerechnet werden muss, einen Rechtsgrund der Schadensersatzpflicht bildet[2], aber es bedarf der Untersuchung, ob es nicht noch andere Rechtsgründe gibt, welche es rechtfertigen, dass nicht nur derjenige, dem die Handlung oder Unterlassung zuzurechnen ist, zum Schadensersatz verpflichtet werde, sondern dass auch andere Personen

---

[1] Vgl. die treffenden Ausführungen von *Binding*, die Norm und ihre Uebertretungen I, 167, 215 u. ff.

[2] *Binding* a. a. O. S. 207 u. ff. geht offenbar viel zu weit, wenn er behauptet: »das Problem, wer den Schaden zu tragen habe, ist von dem Grund und der Art des Schadens durchaus unabhängig.« Seine Ansicht, dass die rechtliche Grundlage der sogenannten Delictsobligationen der sog. Quasicontract sei, hat er übrigens selbst insoweit zurückgenommen, als er in der Vorrede zu Bd. II (1877) S. VI zugibt, dass der Ausdruck ein sehr ungenügender sei, wenn er den Gedanken selbst auch nach wie vor für richtig hält.

in Folge eines bestimmten Verhältnisses, in welchem sie zu dem Handelnden oder Unterlassenden stehen, die Schadensersatzpflicht zu tragen haben.

Für das römische Recht hat *Ihering* nachgewiesen, wie das Recht im Laufe seiner Entwicklung mehr und mehr die Gerechtigkeit verwirklichte, indem dasselbe von der Strafbarkeit und der Schadensersatzpflicht desjenigen, der, wenn auch schuldlos, den Schaden verursacht hat, fortschritt zu dem Satze, dass es ohne Verschuldung, ohne eine Handlung, die sich dem Willen zum Vorwurf anrechnen lasse, weder Strafe noch Schadensersatzverbindlichkeit gebe. Die Juristen der klassischen Zeit haben mehrfach als allgemeine Regel den Satz ausgesprochen, dass Niemand für den Schaden einzustehen habe, den ein anderer zugefügt hat, sofern ihn nicht selbst eine Verschuldung trifft.[1] Trotzdem kennt auch das römische Recht zahlreiche Fälle, in welchen eine Person zum Ersatz des durch einen Andern verursachten Schadens verpflichtet ist, ohne dass sie selbst eines rechts- oder pflichtwidrigen Verhaltens sich schuldig gemacht hätte. Und zwar kann eine solche Haftung sowohl dann eintreten, wenn eine vertragsmässig verpflichtete Person sich zur Ausführung der von ihr übernommenen Leistung, als auch wenn sie sich zum Abschluss von Rechtsgeschäften dritter Personen bedient, wie endlich auch in solchen Fällen, wo es sich weder um Abschluss noch um Ausführung von Verträgen handelt, wo vielmehr ein selbständiges, mit einem Vertragsverhältniss des Schadensersatzpflichtigen in keinem innern Zusammenhang stehendes rechtswidriges Verhalten einer andern Person vorliegt.

Es ist nicht nothwendig an dieser Stelle alle diese einzelnen Fälle zu besprechen. Die Prinzipien der Haftung sind zum Theil gegründet auf Rechtsinstitute, die in dem heutigen Recht nicht mehr existiren, wie dies bei der Haftung für die Delicte der gewaltunterworfenen Personen der Fall ist, wie dies der Fall ist bei der Haftung einzelner Beamter, sowie der Steuerpächter für Delicte ihrer Unterbeamten und Angestellten. Von Wichtigkeit ist

---

[1] *(Ulpian)* L. 5 § 5 D. de O. N. N. 39, 1: neque enim debet nocere factum alterius ei qui nihil fecit; *(Neratius)* L. 11 pr. D. de doli except. 44, 4: neque alienus dolus noceri alteri debet; *(Papinian)* L. 74 D. de R. J. 50, 17: non debet alteri per alterum iniqua conditio inferri.

für uns nur die Frage, ob und inwieweit nach römischem Recht die juristischen Personen, insbesondere der Staat und die Gemeinden aus den Handlungen und Unterlassungen ihrer Vertreter schadensersatzpflichtig wurden.

Die juristischen Personen, die weder selbst einen Willen erzeugen noch einen Willen bethätigen können, bedürfen physischer Personen, die für sie handeln. Sie bedürfen stellvertretender Organe, deren Vollmacht zur Stellvertretung begründet ist in dem Gesetz oder in den Statuten der juristischen Person. Die Pesonen, welche die Stellvertretung der Korporation u. s. w. auszuüben haben, können berufen werden durch Wahl anderer Organe der Korporation oder sie können unmittelbar durch das Gesetz, bezw. die Statuten selbst bezeichnet werden oder das Rechtsverhältniss kann auch begründet werden durch Vertrag, den der Vertreter mit andern Organen der Korporation abgeschlossen hat. Immer ruht ihre Befugniss und ihre Verpflichtung, für die Korporation einen Willen zu erklären und zu bethätigen, auf einer ihnen ertheilten Vollmacht. Diese Organe der juristischen Person können kraft dieser in Gesetz oder Statuten begründeten Vollmacht auch die Befugniss haben, andern Personen die Vollmacht zu ertheilen, als Stellvertreter der juristischen Person zu handeln. Das Eigenthümliche besteht hier darin, dass die Bevollmächtigten eine Vollmacht ertheilen, kraft deren die von ihren Angestellten nicht für die Vollmachtgeber, sondern für eine andere Person, deren Stellvertreter diese sind, zu handeln berechtigt werden.[1] Es beruht hierauf die Verschiedenheit der rechtlichen Stellung des Staatsoberhaupts und der Beamten im Staate, des Vorstands und der Beamten der Gemeinden. Jedoch bezieht sich dieser Unterschied nur auf die Begründung und den Umfang der Vollmacht, im Namen der juristischen Person zu handeln, nicht auf die rechtliche Natur derselben.

---

[1] *Brinz*, Pandecten (II, 1118) ist der Ansicht, nur die Regenten in Monarchien, die Magistrate in Republiken und Gemeinden, die magistri, Vorstände, Meister der Korporationen hätten Vollmacht zur Stellvertretung des Staats u. s. w. Die blos »Angestellten«, überhaupt die blosen Beamten, also namentlich auch alle unsere Finanzbeamten, vom Minister bis zum Steuereinnehmer herab, seien nur Mandatare der Regenten, Magistrate u. s. w. Das ist unzweifelhaft unrichtig. Die Beamten sind nicht Mandatare des Regenten, sondern Stellvertreter des Staats.

Was das Privatrecht betrifft, welches zunächst in Betracht gezogen werden soll, so liess das römische Recht in der Regel bekanntlich eine Stellvertretung bei der Erklärung des Willens nicht zu, während umgekehrt in der Regel eine Stellvertretung in der Ausübung von Rechten für zulässig erachtet wurde. Von beiden Sätzen aber musste das Recht Ausnahmen anerkennen; eine strenge Durchführung dieser Prinzipien war nicht möglich. Die ausschliessliche Herrschaft des ersteren derselben hätte die Möglichkeit ausgeschlossen, dass juristische Personen auf dem Gebiete des Privatrechts Rechte erwerben und in Rechtsverkehr treten, d. h. sie hätte die juristischen Personen auf dem Gebiet des Privatrechts überhaupt unmöglich gemacht. Das Prinzip bezog sich aber wahrscheinlich von Anfang an nicht auf den römischen Staat, der, wie er überhaupt in seinen privatrechtlichen Verhältnissen vielfach eigene, von dem gemeinen Recht abweichende Normen sich geschaffen hat, so auch in Bezug auf die Willenserklärungen seiner Organe und deren rechtliche Wirkungen nicht den Beschränkungen des Privatrechts sich unterworfen hatte.[1] Was dagegen die Landstädte, die Municipien, betrifft, so konnten sie sich der Herrschaft jenes Prinzips nicht vollständig entziehen, wenn dasselbe auch bedeutend abgeschwächt und in den wichtigsten Be-

[1] Ein direkter Beweis hierfür lasst sich allerdings meines Wissens nicht erbringen. Weder *Mommsen* (Römisches Staatsrecht I, 162 u. ff., 227 u. ff.) noch *Pernice* (Marcus Antistius Labeo I, 264 u. f.) gehen auf diese Frage näher ein. In ihren kurzen, ohne genügenden Beweis hingestellten Bemerkungen hierüber gibt sich jedoch ein auffallender Widerspruch kund. *Pernice* sagt: »Der ganze Rechtsverkehr des römischen Volks wird durch die Beamten vermittelt. Das Volk wird nach den Grundsätzen der Stellvertretung durch seine Beamten berechtigt und verpflichtet.« Es muss hiernach angenommen werden, dass nach der Ansicht von *Pernice* die privatrechtlichen Beschränkungen der Stellvertretung auch auf den römischen Staat Anwendung fanden. Das ist aber wenig wahrscheinlich, wenn man bedenkt, dass der römische Staat sogar Vormund sein und die vormundschaftlichen Rechte durch Stellvertreter ausüben lassen konnte. Nach *Mommsen* dagegen (S. 227) schliesst die römische Gemeinde ihre Rechtsgeschäfte durch Vertretung und zwar sind es ihre Beamten, deren Handlung im Rechtssinn gilt als die eigene der Gemeinde. Die von ihm hierfür angegebenen Quellenstellen liefern freilich keinen Beweis. Gegen die frühere Ansicht von *Mommsen*, dass der Staat in seinen privatrechtlichen Verhältnissen überall und unbedingt von allen Formalien befreit gewesen sei, weil er sonst durch seine eigenen Gesetze sich gebunden hätte (Stadtrechte von *Salpensa* und *Malaca* in den Abhandlungen der Sächs. Gesellsch. der Wiss. III 467) cf. *Göppert* in der Zeitschrift für Rechtsgeschichte IV, 233 u. ff. Vgl. auch *Brinz*, Pandecten S. 1081.

ziehungen so umgestaltet ward, dass es dem privatrechtlichen Verkehr der Städte ein wirkliches Hinderniss nicht mehr darbot. Theils hat das Recht überhaupt Ausnahmen zugelassen, theils hat es für die Municipien besondere Ausnahmen statuirt.

1) In dem spätern römischen Recht wenigstens ward anerkannt, dass der *Erwerb des Besitzes* und hiermit auch der durch den Besitzerwerb bedingte *Erwerb des Eigenthums* unmittelbar durch Stellvertreter stattfinden kann.[1]

Ist der Besitzerwerb, der durch den Stellvertreter stattgefunden hat, ein rechtswidriger gewesen, so muss die juristische Person, wenn sie selbst auch ohne rechtswidriges Verhalten den Besitz erworben hat, denselben wieder herausgeben, da sie nicht durch die Rechtswidrigkeit ihres Vertreters bereichert werden darf. Aber ihre Verpflichtung geht auch nur auf die Herausgabe der Sache und der Bereicherung, sie haftet nicht für die bei dem Besitzerwerb etwa vorgekommene bewusste widerrechtliche Aneignung durch den Stellvertreter. Die condictio furtiva, die zugleich gerichtet ist auf Herausgabe der durch die widerrechtliche Aneignung entstandenen Bereicherung und auf den vollen Schadensersatz, könnte, sofern sie überhaupt gegen eine juristische Person angestellt werden kann, nur auf die Herausgabe der Bereicherung gestellt werden.[2] Die Unredlichkeit des Stellvertreters kann dem Vertretnen keinen rechtlichen Vortheil verschaffen.[3] Desshalb kann auch ein Besitz, der von dem Stellvertreter in bösem Glauben erworben wird, zur Ersitzung durch die juristische Person nicht genügen. Zwar kommt es, wenn der Besitz

---

[1] Neuerdings ist zwar *Brinz* gegen die bisher herrschende Ansicht, dass der Besitzerwerb durch Stellvertreter allgemein zulässig war, aufgetreten (Pandecten S. 1596 u. ff., 1601 u. ff.), doch bestreitet auch er nicht, dass Stellvertretung der willensunfähigen Personen im Besitz möglich war (S. 1601). L. 13 § 1 D. de acquir. rer. dom. 41, 1; L. 1 § 20, 22 D. de acq. vel. amitt. possess. 41, 2, L. 2 eod.: sed hoc jure utimur, ut et possidere et usucapere municipes possint, idque iis per servum et per liberam personam acquiratur. L. 7 § 3 D. ad exhib. 10, 4. Gegen die Ansicht von *Brinz* s. *Zimmermann*, Die Lehre von der stellvertretenden negotiorum gestio S. 91 u. ff.

[2] Ebenso wie der Vater aus dem furtum des Sohnes, der Herr aus dem furtum des Sklaven de peculio nur haften auf die wirkliche Bereicherung (L. 3 § 12 D. de pec. 15, 1; L. 30 pr. D. de act. emti et vend. 19, 1). Vgl. *Windscheid* § 425. II., 594 u. f.

[3] L. 15 D. de dol. mal. 4, 3.

für eine physische Person durch einen Stellvertreter erworben wird, lediglich auf den guten Glauben des Vertretenen, nicht auf den des Vertreters an; jedoch nur desshalb, weil erst im Augenblick, wo der Vertretene die Besitzergreifung erfährt, der Usucapionsbesitz als solcher beginnt.[1] In den Fällen aber, in welchen der Besitz ohne den Willen des Vertretenen erworben wird, wie dies bei dem Besitzerwerb der juristischen Person immer stattfindet, da ist auch der gute Glaube des Vertreters nothwendig.[2]

2) Stellvertretung bei dem *Abschluss von Rechtsgeschäften* war nach römischem Recht prinzipiell unzulässig. Nur in Ausnahmefällen konnte ein Stellvertreter direkt in dem Namen einer andern Person einen Vertrag mit der Wirkung abschliessen, dass der Andere unmittelbar und allein aus dem Vertrag berechtigt und verpflichtet wurde. Abgesehen von der Gewährung von Darlehen, bei welcher allgemein direkte Stellvertretung zulässig war[3], wurde eine solche nur den Vertretern juristischer Personen und den Vormündern für ihre Mündel bei dem Erfüllungsversprechen (constitutum) zugestanden.[4] Trotz dieser grossen prinzipiellen Beschränkung war jedoch der Vermögensverkehr der Municipien nur wenig gehemmt. Die Stadt konnte nicht nur durch ihre Sklaven Forderungen erwerben, sondern es stand ihr auch aus den von ihren Vertretern geschlossnen Rechtsgeschäften eine Klage zu, ohne dass es einer Cession seitens des Stellvertreters an die Stadt bedurft hätte.[5] Der Verwalter des

---

[1] L. 49 § 2 D. 41, 2; L. 47 D. 41, 3; L. 2 § 12 D. 41, 4; L. 1 Cod. 7, 32.

[2] L. 2 § 10—13 D. 41, 4; L. 43 § 1, L. 47 D. 41, 3. — In diesen Fällen wird nicht desshalb der gute Glaube des Stellvertreters erfordert, weil sonst bei dem Erwerb durch Stellvertreter das Erforderniss der Redlichkeit geopfert werden müsste (so *Goldschmidt*, Zeitschrift für Handelsrecht. XV, 41), sondern weil sonst der Vertreter aus der Unredlichkeit seines Vertreters einen rechtlichen Vortheil ziehen würde.

[3] *Ihering*, Jahrbücher für Dogmatik II, 100—108; *Zimmermann* a. a. O. S. 302 u. ff.

[4] L. 5 § 9 D. de pec. const. 13, 5. L. 5 § 6 eod. Vgl. *Schmidt*, Grundlehren der Cession I, 396; *Unger*, Jahrbücher für Dogmatik X, 6; *Buchka*, Lehre von der Stellvsrtretung bei Eingehung von Verträgen S. 71.

[5] L. 10 D. 3, 4: Constitui potest actor etiam ad operis novi nuntiationem et ad stipulationes interponendas, veluti legatorum, damni infecti, judicatum solvi, quamvis servo potius civitatis caveri debeat; sed etsi actori cautum fuerit, utilis actio administratori rerum civitatis dabitur. Vgl. *Zimmermann* S. 117.

städtischen Vermögens aber haftete, wenn er den Vertrag nicht in seinem eignen Namen geschlossen und die Verbindlichkeit der Stadt nicht auf seine Person übernommen hatte, nach Niederlegung seines Amtes nicht mehr aus demselben.[1] Damit war denn eine nahezu vollkommene Stellvertretung der Städte durch ihre Organe bei Eingehung von Verträgen durchgeführt. So lange der Beamte im Amt war, konnte freilich auch gegen ihn selbst die Klage angestellt werden,[2] wenn es sich nicht um einen jener Ausnahmefälle handelte, in welchen eine direkte Stellvertretung von dem Rechte anerkannt war und in welchen ohne jeden Umweg aus dem Vertrag die Stadt allein berechtigt und verpflichtet wurde.

Was die Haftung der juristischen Personen, insbesondere der Städte aus den von ihren Vertretern geschlossenen Verträgen betrifft, so ist zu unterscheiden zwischen den Verträgen, die kraft direkter Stellvertretung geschlossen wurden und unmittelbar für und gegen die Stadt Rechte erzeugten, und solchen, die zwar im Namen der Stadt von dem Vertreter abgeschlossen wurden, aus welchen aber die Ansprüche nur durch die Person des Vertreters hindurch für und gegen die Stadt gegeben wurden. Die erstern können nach allgemeinen Grundsätzen nur dann zu Stande kommen, wenn der Vertreter sich innerhalb seiner Vertretungsbefugniss, seiner Vollmacht gehalten hat. War dies nicht der Fall, so kann höchstens der Stellvertreter dem andern Contrahenten für den Schaden haften — eine Frage, die uns hier nicht interessirt — jedenfalls aber entsteht keine Verbindlichkeit der Stadt aus dem nicht zu Stande gekommenen Vertrag. Dieser Grundsatz findet auch Anwendung, wenn durch Betrug des Vertreters ein wesentlicher Irrthum herbeigeführt worden ist, der das Zustandekommen des Vertragsconsenses verhindert hat. Ist dagegen durch den dolus des Vertreters ein Irrthum erzeugt oder benutzt worden, der als unwesentlicher bezeichnet werden muss, der sich nicht auf wesentliche Punkte der Willenserklärung bezieht, so wird dadurch der Vertrag nicht nichtig, der Betrug gibt nur dem

---

[1] L. 3 § 2 D. de adm. rer. ad civit. 50, 8.: In eum qui administrationis tempore creditoribus rei publicae novatione facta pecuniam cavit, post depositum officium actionem denegari non oportet. Diversa causa est eius qui solvi constituit; similis etenim videtur ei qui publice vendidit aut locavit. Vgl. *Buchka* a. a. O.

[2] L. 4 D. quod jussu 15, 4.

Betrognen die exceptio doli gegen die Contractsklage und die actio doli.[1] Auch hier muss das Prinzip Anwendung finden, dass der Vertreter nicht aus dem rechtswidrigen Verhalten seines Vertreters einen Vermögensvortheil ziehen darf. Der dolus ist nicht von der Stadt begangen und kann ihr nicht als Verschuldung angerechnet werden. Für den dolus des Vertreters kann der Vertretne nicht unmittelbar haften. Wohl aber haftet er soweit, als ihm ein Vermögensvortheil dadurch zugekommen ist.[2] Ebenso verhält es sich, wenn der Vertreter physischen Zwang und Drohungen angewandt hat und der Stadt daraus ein Vermögensvortheil erwachsen ist. Auch die actio quod metus causa kann gegen juristische Personen angestellt werden, aber nur dann, wenn sie bereichert worden sind und so weit sie dies sind.[3]

So weit eine direkte Stellvertretung nach römischem Recht nicht möglich war, konnte die Stadt durch freie Vertreter mittelbar auf dem Wege der actiones institoria, exercitoria und quasi institoria Verträge für sich abschliessen lassen. Aus diesen Verträgen wurden der Vertreter wie der Vertretne gleichermaassen verpflichtet. Nach dem gemeinen Recht ward aus ihnen prinzipiell nur der Vertreter berechtigt; der Vertreter erlangte erst durch Cession eine Klage. Wie schon erwähnt, bedurfte es einer solchen Cession der Klagen bei den von Vertretern von Städten abgeschlossenen Verträgen nicht.

[1] *Windscheid* § 76, 77 I, 200, 205 u. ff.; *Vangerow* § 605 Anmerk. 1 III, 274 u. ff.

[2] L. 15 D. de dolo malo 4, 3: Sed an in municipes de dolo detur actio, dubitatur. Et puto, ex suo quidem dolo non posse dari; quid enim municipes dolo facere possunt? Sed si quid ad eos pervenit ex dolo eorum qui res eorum administrant, puto dandam. De dolo autem decurionum in ipsos decuriones dabitur de dolo actio. — Die noch von *Sintenis* (Das pract. gemeine Civilrecht § 15, I, 124 u. f.) lebhaft vertheidigte Ansicht, dass nach dem Schlusssatz der angeführten Stelle das Decurionencollegium als juristische Person eines dolus für fähig erklärt und gegen dasselbe die actio de dolo als Pönalklage gegeben werde, dürfte heute wohl keine Anhänger mehr zählen. Vgl. *Ziegler*, die Verbrechensunfähigkeit juristischer Personen (1852) S. 44 u. ff.

[3] L. 9 § 1 D. quod metus 4, 2. Auf diese Stelle wurde bekanntlich früher die Ansicht gestützt, dass juristische Personen nach römischem Recht delictsfähig seien und Delictsklagen gegen sie angestellt werden könnten. S. *Sintenis* a. a. O. S. 122 u. ff.; *Schmidt* (von Ilmenau), Civilistische Abhandlungen I 1, S. 14. Dagegen *Ziegler* a. a. O. S. 25 u. ff., 49 u. ff., und *Schliemann*, die Lehre vom Zwang S. 34 u. ff.

Die Stadt erhielt aus dem Vertrag des Vertreters sofort eine utilis actio.[1] — Der Contract des institor u. s. w. erstreckt seine Rechtswirkungen auf den Vertretnen; letzterer wird verpflichtet und berechtigt, aber nicht aus eigner Obligatio, sondern aus der Obligatio des Vertreters, so dass ersterer als Nebenschuldner zu dem letztern, dem Hauptschuldner, hinzutritt. Der Vertretne haftet nur aus fremder Obligatio. Das hatte die Folge, dass alle Modificationen des Inhalts der Obligatio, welche durch dolus oder culpa des Vertreters bei Eingehung der Obligatio begründet sind, nothwendig auch den Vertretnen treffen. Daraus folgt aber auch, dass der Vertretne zu haften hat für das rechtswidrige Verhalten des Vertreters, das nach dem Abschluss des Vertrags auf die Obligatio eingewirkt hat, insbesondere für dolus und culpa des Vertreters bei Erfüllung des Vertrags.[2] Diese Sätze ergeben sich als logische Consequenzen aus dem Prinzipe, dass der Vertrag unmittelbar nur eine Obligatio begründet zwischen dem Vertreter und dem andern Contrahenten, dass erst mittelbar zu dieser Obligatio die Befugnisse und Verpflichtungen des Vertretnen hinzutreten. Letzterer kann nur soweit berechtigt werden, als der Contrahent berechtigt ist, und er muss soweit verpflichtet werden, als der Contrahent verpflichtet ist. Aber es darf doch nicht übersehen werden, dass in dieser logischen Consequenz zugleich ein materielles Rechtsprinzip enthalten ist, das Rechtsprinzip, dass der Vertretne für dolus und culpa, deren sich der Vertreter innerhalb contractlicher Verhältnisse schuldig macht, zu haften hat. Wäre dieses Prinzip nicht selbst anerkannt worden, so hätte sicherlich das Recht Mittel und Wege gefunden, um trotz der logischen Consequenz und gegen dieselbe, den Vertretnen nicht haften zu lassen für ein rechtswidriges Verhalten anderer Personen, das ihm nicht zur Schuld gerechnet werden kann, wie denn in der That da, wo eine solche Haftung ungerecht erschien, das Recht solche Mittel und Wege gefunden hat. Welches ist nun das Rechts-

---

[1] S. oben S. 14 Note 5.

[2] *Windscheid* § 482, II, 809; *Wyss* S. 122 ff.; bes. aber *Goldschmidt*, Zeitschrift für Handelsrecht XVI, 330 u. ff. Die Haftung des Vertretnen für rechtswidriges Verhalten des institor bei Erfüllung des Vertrags wird bestritten von *Thöl* § 86 I, 292. S. dagegen *Windscheid* u. *Goldschmidt* a. a. O.

prinzip, auf welches eine solche gesetzliche Haftungsverbindlichkeit des Vertretnen aus den rechtswidrigen Handlungen des Vertreters sich gründet? Würde die Schadenersatzpflicht nur aus der Verschuldung entspringen, so wäre diese gesetzliche Haftungsverbindlichkeit des römischen Rechts in schroffem Widerspruch mit der Gerechtigkeit und dieser Widerspruch könnte auch durch die ratio juris nicht beseitigt oder abgeschwächt werden.

Jede Vertragsschliessung enthält die Gefahr in sich, dass der eine Contrahent durch ein rechtswidriges Verhalten eine Modification des Vertragsinhalts herbeiführe, die dem andern Contrahent einen Nachtheil zu verursachen geeignet ist; ferner die Gefahr, dass der eine Contrahent durch ein rechtswidriges Verhalten zum Nachtheil des andern auf die Ausführung des Vertrags einwirke. Jeder, der einen Vertrag abschliessen will, hat desshalb in Betracht zu ziehen, welche Sicherheit ihm geboten ist in der Person des andern Contrahenten, dass diese Gefahr nicht eintrete, und welche Sicherheit das Vermögen des andern Contrahenten darbietet für den Fall, dass diese Gefahr eintrete und ihm daraus ein Anspruch auf Ersatz der Vermögensbeeinträchtigung erwachse. Wird er durch dolus oder culpa des andern Contrahenten beschädigt und kann sein Schadensersatzanspruch wegen Insolvenz des Gegners nicht befriedigt werden, so hat er selbst den Schaden zu tragen. Er kann nicht vom Recht verlangen, dass es die Schadensersatzpflicht von dem Schuldigen auf einen Unschuldigen überwälze, wenn jener seiner Pflicht nicht genügen kann. Gewährt aber das Recht, die Möglichkeit Verträge durch Vertreter abzuschliessen — sei es dass durch den so abgeschlossenen Vertrag der Vertretne sofort unmittelbar berechtigt und verpflichtet werde, sei es dass nur die von dem Vertreter übernommenen Rechte und Pflichten auf ihn übertragen werden — so liegt hierin eine Erweiterung der Rechtsfähigkeit. Konnte früher der Einzelne nur dadurch in den vermögensrechtlichen Verkehr eintreten, dass er selbst in eigner Person handelte, so ist ihm nun die rechtliche Möglichkeit gegeben, durch andere Personen sein Selbsthandeln ersetzen zu lassen. Wer mit einem Stellvertreter, einem institor u. s. w., die für den Vertretnen handeln, einen Vertrag abschliesst, geht von der Voraussetzung aus, dass der eigentliche Träger des Rechtsgeschäfts nicht der Stellvertreter, der institor ist, selbst wenn Berechtigter und Verpflichteter zunächst der institor wird und nur abgeleiteter Weise die Wirkungen des Vertrags auf den Vertretnen übergehen. Er hat nur zu prüfen, ob diese Voraussetzung vorhanden ist, d. h. ob und inwieweit die Vollmacht des Stellvertreters geht. Soweit der Stellvertreter innerhalb seiner Vollmacht handelt, muss der dritte Contrahent jene Gefahr nach der Person des Vertretnen beurtheilen und die Sicherheit in der Person und dem Vermögen desselben suchen, nicht in der Person und dem Vermögen des Stellvertreters, der thatsächlich ja nur als Zwischenperson den Verkehr vermittelt. Desshalb ist er aber auch berechtigt, wenn der Vertreter eines dolus oder einer culpa bei Ausführung einer Handlung, die innerhalb des Bereiches seiner Vollmacht liegt, sich schuldig macht, Schadensersatz von dem Vertretnen zu fordern. Diese Haftungsverbindlichkeit beruht nicht darauf, dass der Vertreter eine unzuverlässige Person zu seinem Stellvertreter ausgewählt hat, denn sonst müsste sie jedenfalls dann wegfallen, wenn der Vertretne nachweisen könnte, dass keine culpa seiner Seits vorliege. Sie ruht vielmehr darauf, dass sie das Aequivalent ist für die erweiterte Rechtsfähigkeit, durch Vertreter Verträge abzuschliessen. Wer durch einen Vertreter einen Vertrag abschliesst, bedient sich eines ihm vom Rechte gewährten Vortheils, hat dafür aber auch die Garantie für diejenige Gefahr zu tragen, die aus der Vertretung für dritte Personen entstehen kann. Nicht die logische Consequenz, nicht die Verkehrsbedürfnisse waren es, die es den römischen Juristen gerechtfertigt erscheinen liessen, dass der Vertreter den Schaden zu tragen habe, den er selbst weder durch dolus noch durch culpa verschuldet hatte, sondern die Gerechtigkeit, die fordert, dass der, der durch einen Vertreter sein Handeln ersetzen lässt, anders haftet als der, der selbst handelt.[1] Das Verkehrsbedürfniss hat das ganze Rechtsinstitut hervorgerufen, aber das Verkehrsbedürfniss hätte das Recht nicht veranlassen können, Jemanden eine erzwungene Garantie aufzuerlegen, wenn nicht die Gerechtigkeit eine solche verlangt hätte. Es zeigt sich dies auch darin, dass das römische Recht die Garantie

---

[1] L. 1 D. de inst. act. 14, 3 *(Ulpian)*: Aequum Praetori visum est, sicut commoda sentimus ex actu institorum, ita etiam obligari nos ex contractibus ipsorum et conveniri. L. 1 pr. D. de exerc. act 14, 1.

des Vertretnen für Handlungen des institor weiter ausgedehnt hat, als dies die logische Consequenz, die ratio juris, verlangte. Der Prinzipal steht ein für die Obligatio des institor, aber nur soweit als die demselben ertheilte Vollmacht reicht. Der ratio juris gemäss würde also der Prinzipal nicht verpflichtet, wenn der von dem institor geschlossene Vertrag der Vollmacht widerspricht. Das Recht aber lässt den Prinzipal haften, sobald der Dritte den Vertrag für vollmachtsgemäss halten durfte. Konnte die Beschränkung der Vollmacht in Folge eines äussern Umstands oder eines dolus des institor dem Dritten nicht bekannt werden, so ward nichtsdestoweniger der Prinzipal aus dem Contract verpflichtet.[1]

Soweit die Städte Institoren und Exercitoren bestellten, fanden diese Grundsätze auch auf sie Anwendung. Anders aber war es bei den verfassungsmäsigen Organen, welche die Stadt zu vertreten hatten. Ihre Vertretungsbefugniss beruhte nicht auf einem Vertrag, sondern auf der in Gesetzen und Statuten niedergelegten Rechtsnorm, auf dem Amte.[2] Zwar sind auch sie es, die für die Stadt Verträge abschliessen, durch ihr Handeln das Handeln der Stadt ersetzen, zwar hat auch hier die Stadt aus fremder Obligatio zu haften und wird aus fremder Obligatio berechtigt. Trotzdem zog hier das Recht nicht jene logische Consequenz, dass auch alle Modificationen des regelmässigen Inhalts der Obligatio, welche durch den dolus oder die culpa des Vertreters bei Eingehung oder Erfüllung der Obligatio begründet sind, den Vertretnen treffen müssen. Denn der materielle Grund, der jene Consequenz bei dem Institorenverhältniss rechtfertigte, schien den römischen Juristen nicht vorhanden zu sein oder, soweit er vorhanden war, durch andere Momente aufgewogen zu werden. Wer mit den Beamten einer juristischen Person ein Rechtsgeschäft abschliesst, weiss, dass die juristische Person selbst weder

---

[1] L. 11 § 4 D. de inst. act. 14, 3. — Vgl. *Goldschmidt* a. a. O. S. 331; *Thöl,* Handelsrecht § 86 S. 291. Letzterer sagt: »Der Grund der Haftung des Prinzipals liegt nicht in des Institor dolus, sondern in der Wirkung desselben, dass die Beschränkung der Vollmacht der Dritte nur nicht kannte. Es ist hinsichtlich des Dritten eine casuelle Unkenntniss, einen solchen casus trägt der Prinzipal.« Aber er lässt es unerklärt, wesshalb hier der Prinzipal den casus zu tragen hat.

[2] L. 21 § 1 D. ad municip. 50, 1: . . . . eos qui pro aliis non *ex contractu,* sed *ex officio,* quod administraverint, conveniuntur.

einen Willen erzeugen noch einen Willen bethätigen kann, sondern dass dies durch ihre Organe geschehen *muss*. Er kann also auch die Gefahr, welche ihm aus dem rechtswidrigen Verhalten des andern Contrahenten erwachsen kann, nur nach der Persönlichkeit des Vertreters beurtheilen, da von einem rechtswidrigen Verhalten des Vertretnen durchweg keine Rede sein kann. Dazu kommt, dass das römische Recht überhaupt die Städte möglichst günstig zu stellen suchte und bemüht war sie vor vermögensrechtlichem Schaden, der ihnen aus dem Verhalten ihrer Organe entstehen könnte, möglichst zu bewahren. Schon frühe wurden auf sie einzelne Privilegien der Minderjährigen erstreckt, welchen sie später völlig gleichgestellt wurden.[1] Es darf jedoch nicht übersehen werden, dass das römische Recht bei dieser Behandlung der Städte von einem einseitigen, wenn auch zu seiner Zeit vielleicht völlig berechtigten Gesichtspunkt ausging, wie es denn auch nicht auf alle juristische Personen, sondern nur auf die Städte die Privilegien der Minderjährigen ausdehnte.[2] Es folgt aus dem römischen Recht an sich noch nicht, dass nicht für andere Zeiten andere Gesichtspunkte massgebend sein müssen, dass nicht aus Gründen, die von dem römischen Recht nicht berücksichtigt wurden, die Städte und die juristischen Personen überhaupt für schadensersatzpflichtig aus den rechtswidrigen Handlungen ihrer Beamten erklärt werden.

Soweit nicht eine directe Stellvertretung von dem Rechte zugelassen war, was, wie erwähnt, nur bei der Gewährung von Darlehen[3] und bei dem Erfüllungsversprechen der Fall war, haftete die Stadt für die Handlungen ihrer Beamten nur soweit, als dieselben sich streng innerhalb ihrer Vollmacht gehalten haben. Da diese Vollmacht aber niemals auf dolus oder contractlich zu prästirende culpa lautet, so findet auch eine Haftungsverbindlichkeit der Stadt für dolus oder culpa ihrer Beamten nicht statt. Aus dem von dem Beamten geschlossnen Vertrag entspringen zwar actiones utiles für

[1] L. 22 § 2 D. ex quib. c. mai. 4, 6; L. 1 § 2 quod cuiusc. 3, 4. — Vgl. *Pernice* I, 214, 287. — L. 3. Cod. de jur. reip. 11, 29; L. 1 Cod. de off. eius 1, 50. — *Savigny*, System VII., 160 u. f.

[2] *Savigny* a. a. O.

[3] Hieraus erklärt sich auch L. 15 D. SC. Maced. 14, 6. — *Brinz* S. 1082.

und gegen die Stadt, aber der Stadt konnten Einwendungen aus der Person des Beamten nicht entgegengesetzt werden. Es ergibt sich dies aus den Stellen, in welchen ausdrücklich erklärt wird, dass die Stadt für den dolus ihrer Beamten nur insoweit hafte, als sie dadurch bereichert worden ist. In diesem letztern Fall musste natürlich das Prinzip Platz greifen, dass Niemand aus dem rechtswidrigen Verhalten seiner Vertreter einen Vortheil ziehen soll.[1] Ebenso kann es keinem Zweifel unterworfen sein, dass die Einrede der Compensation aus der Person des Beamten der Stadt nicht entgegengesetzt werden konnte.[2] Die Begünstigung der Städte ging sogar so weit, dass aus den von ihren Organen und Beamten für sie abgeschlossenen Darlehensverträgen die Stadt nur dann haftete, wenn das Geld auch wirklich in ihrem Nutzen verwandt worden ist. Andern Falls konnte der Gläubiger sich nur an den Beamten selbst halten.[3]

3) Bei *Erfullung vertragsmassiger Leistungen* sowie bei *Ausubung von Rechten* ist nach römischem Recht im Allgemeinen Stellvertretung gestattet, wenn es auch Rechte gibt, die nicht durch einen Stellvertreter ausgeübt und Verträge, die durch einen solchen nicht erfüllt werden können. Die Haftung des Vertretnen bestimmt sich hier nach der Regel, dass nur eine Verschuldung die Schadenersatzpflicht nach sich zieht. Hatte der Prinzipal die Leistung selbst zu beschaffen, so haftet er, wenn er sie durch einen andern vornehmen lässt, für jede culpa desselben schlechthin; hatte er dagegen die Leistung übernommen unter der selbstverständlichen Voraussetzung, dass er nicht selbst, sondern nur durch die von ihm ausgesuchten und überwachten Gehilfen die Leistung verrichten lasse, so haftet er nur für eine Nachlässigkeit in der Auswahl und der Ueberwachung derselben. Allerdings gestalteten sich im römischen Recht thatsäch-

---

[1] L. 15 § 1 D. de dol. 4, 3; L. 78 § 2. D. de leg. II, 31; L. 17 § 2 de damno inf. 39, 2. Vgl. auch die Stellen, die dasselbe Prinzip in Bezug auf die Haftung des Pupillen aus dem dolus des tutor aussprechen: L. 3 § 1, 2 D. de trib. act. 14, 4; L. 13 § 7 de act. emt. et vend. 19, 1; L. 1, 3 D. quando ex facto 26, 9.

[2] *Zimmermann* a. a. O. S. 118.

[3] L. 27 D. de reb. cred. 12, 1. Die Schwierigkeiten, die man früher in dieser Stelle hatte finden wollen, dürfen jetzt wohl als beseitigt gelten. *Windscheid* § 370 II. 397; *Pernice* I, 288. »Selbstverständlich ist die Stadt verpflichtet, wenn sie das dargeliehene Geld in ihrer Kasse hat.«

lich in den wichtigsten Fällen des Geschäftsverkehrs die Verhältnisse insofern anders, als in der Regel die von dem Geschäftsherrn verwandten Gehilfen seine Sklaven oder seine Hauskinder waren oder aber als Institoren u. s. w. angestellt waren. War die Haftung in diesen letztern Fällen, wie schon erwähnt, eine unbeschränkte, sofern die Ausführung des Vertrags durch die Personen geschah, die denselben abgeschlossen hatten, so ging sie in den Fällen, wo der Geschäftsbetrieb Hauskindern und Sklaven anvertraut war, wenigstens auf das peculium oder den Werth des Sklaven. [1]

Soweit Städte durch Sklaven und Institoren ihre vermögensrechtlichen Geschäfte betreiben liessen, fanden diese Grundsätze auch auf sie Anwendung. Dagegen konnten sie wegen eines rechtswidrigen Verhaltens ihrer Beamten und Stellvertreter bei Erfüllung ihrer Verpflichtungen und Ausübung ihrer Rechte nicht in Anspruch genommen werden. Denn zunächst versteht es sich von selbst, dass es für sie überhaupt keine Leistungen geben kann, die sie selbst erfüllen müssten, sowenig wie es Rechte geben kann, die sie selbst ausüben müssten. Ferner aber können sie auch wegen culpa niemals haften, da die juristische Person weder eine Verschuldung in der Auswahl noch in der Ueberwachung ihrer Organe, Beamten und angestellten Gehilfen treffen kann. Hat ein Dritter durch culposes oder doloses Verhalten der Beamten u. s. w. einer Stadt Schaden erlitten, so kann er, wenn man, wie das römische Recht es thut, allein den hervorgehobenen Gesichtspunkt festhält, sich nur an diejenige Person halten, welcher das rechtswidrige Verhalten als Schuld zuzurechnen ist, nicht aber an die einer Verschuldung nicht fähige Stadt. Nur auf die Bereicherung, die der Stadt aus dem rechtswidrigen Verhalten zugekommen ist, kann sie belangt werden. [2]

Es ergibt sich aus den bisherigen Erörterungen, dass nach römischem Recht die Stadt in den privatrechtlichen Verhältnissen, in die sie eintritt, für den Schaden, der aus rechtswidrigem Verhalten ihrer Organe und Beamten dritten Personen erwächst, nicht einsteht, sofern nicht 1) die Stadt selbst daraus einen Vermögensvortheil

---

[1] *Wyss* S. 116, *Goldschmidt* a. a. O. S. 367 u. f.

[2] L. 4 D. de vi 43, 16: Si vi me deiecerit quis nomine municipum, in municipes mihi interdictum reddendum Pomponius scribit, si quid ad eos pervenit. — L. 17 § 2 D. de damno inf. 39, 2.

gezogen hat — dann haftet sie auf den Betrag der Bereicherung — 2) sofern nicht die Vertreter, die für die Stadt handeln, ihre Sklaven sind oder als Institoren, Exercitoren u. s. w. angestellt sind. In diesen letztern Fällen finden die Sätze des gemeinen Rechts über die Haftungsverbindlichkeit des dominus auch auf die Stadt Anwendung.

Die Organe und Beamten des Staats und der Städte haben aber für dieselben nicht nur auf dem Gebiete des Privatrechts zu handeln, sie haben auch *die öffentlichen Rechte und Pflichten,* die dem Gemeinwesen zustehen, in dessen Namen auszuüben. Dass für einen Schaden, den der Beamte bei Ausführung seiner Amtshandlungen rechtswidriger Weise dritten Personen zufügt, nur der Beamte, nicht aber das Gemeinwesen zu haften hatte, scheint im Alterthum niemals bezweifelt worden zu sein. Gegen den schuldigen Beamten konnte der Verletzte eine Klage anstellen, nicht aber gegen den Staat oder gegen die Gemeinde.[1] Auch im völkerrechtlichen Verkehr erachtete sich der Staat aus den von seinen Beamten ohne Vollmacht oder mit Ueberschreitung der Vollmacht vorgenommenen Amtshandlungen nicht für gebunden; wohl aber erschien der Beamte, der mit einem andern Staat einen Vertrag abgeschlossen hatte, haftpflichtig, wenn der Vertrag nicht nachträglich ratificirt wurde. Nach den Grundsätzen der Dedition ward der Beamte dem durch Cassation des Vertrags verletzten Staat zur beliebigen Bestrafung ausgeliefert, ebenso wie die Sponsores, die ohne Auftrag ihr Wort für die Anerkennung des Vertrags eingesetzt hatten.[2] Wurde auch nicht in allen Fällen nach dem strengen Recht die Auslieferung der Feldherrn und der Sponsoren von der Bürgerschaft beschlossen, so tritt doch in der ganzen Rechtsinstitution deutlich der Gedanke zu Tage, dass der Beamte für die ohne Auftrag vorgenommenen, wenn auch innerhalb des Kreises seiner Amtsbefugnisse gelegnen Amtshandlungen ausschliesslich verantwortlich ist.

Doch machte sich, namentlich in der spätern Kaiserzeit das Gefühl geltend, dass der Gerechtigkeit nicht volles Genüge geleistet sei, wenn derjenige, der durch eine rechtswidrige Handlung eines

---

[1] Ueber die civilrechtliche Verantwortlichkeit der Beamten gegenüber den Privaten s. *Mommsen,* Röm. Staatsrecht I, 673 u. f.

[2] Ueber diese Auslieferung siehe *Mommsen,* Staatsrecht I, 243 u. f.

Beamten verletzt ward, nur an diesen sich halten könne, um einen Schadensersatz zu erlangen. Namentlich wenn durch untere Beamte der Schaden zugefügt worden war, erschien die Macht, welche dem Beamten anvertraut war und durch welche ihm die Möglichkeit der Rechtsverletzung gegeben war, in keinem Verhältniss zu stehen zu dem Vermögen des Beamten, das für den Schadensersatz in Anspruch genommen werden konnte. Dies führte zwar nicht dazu, den Staat für haftungsverbindlich zu erklären, aber die obern Beamten wurden verpflichtet, für die in Vollziehung der Amtsfunctionen vorgekommenen Ausschreitungen der von ihnen angestellten Unterbeamten zu haften. Meist trat diese Haftung allerdings erst dann ein, wenn der Oberbeamte sich selbst einer Ausschreitung oder Nachlässigkeit schuldig gemacht hatte. Die Verpflichtung nicht nur den Schaden zu ersetzen, der durch ihn selbst veranlasst worden ist, sondern auch den, der nur seinen Unterbeamten zur Last fällt, trug dann den Charakter einer Strafe an sich.[1] Doch wurde in einzelnen Fällen der Oberbeamte auch haftpflichtig erklärt für die rechtswidrigen Handlungen seiner Unterbeamten, selbst wenn er sich keiner Verletzung seiner Amtspflicht schuldig gemacht hatte.[2]

Rechtsvorschriften der einen wie der andern Art erscheinen als Aushilfemittel, zu denen das altersschwache römische Reich griff, um der Beamtenwillkür und dem Missbrauch der Amtsgewalt zu steuern, da trotz des ungeheuren Beamtenpersonals die Centralregierung nicht mehr die Kraft besass, eine energische Oberaufsicht zu führen und die Zügel der Beamtendisciplin stramm anzuziehen. Durch eine Steigerung der Verantwortlichkeit und Haftbarkeit der obern Beamten und der Gilden der untern Beamten glaubte der Staat das entschwundene Pflichtgefühl ersetzen und den Staatsangehörigen den Schutz verleihen zu können, den die Verwaltungsorganisation selbst nicht mehr darbot.

---

[1] S. z. B. L. 1 Cod. ad leg. Jul. repetund. 9, 27; Nov. 8, c. 7; ferner L. 2 § 1 Cod. de his qui latrones 9, 39; L. 2 Cod. de cond. in horr. 10, 26; L. 1 Cod. de mun. siton. 10. 28; L. 17 Cod. de erogat. 12, 38; Nov. 13, c. 6; Nov. 17, c. 10; Nov. 128. c. 23.

[2] Nov. 82, c. 7; Nov. 130, c. 1.

III.

Eine ganz andere Gestalt hatte im Mittelalter die Frage der Haftung des Staats, der Gemeinden, wie der Genossenschaften und Korporationen aus den rechtswidrigen Handlungen ihrer Organe. Diese veränderte Gestaltung hängt auf das engste zusammen mit der von dem römischen Recht ganz verschiednen Auffassung, welche über das Wesen der Genossenschaften und Korporationen wie über das Verhältniss der Glieder zu der Gesammtheit im Mittelalter herrschte. Das römische Recht scheidet scharf zwischen der Persönlichkeit der einzelnen Glieder und der zu einer Rechtseinheit, einem corpus organisirten Gesammtheit der Glieder. Die organisirte Gemeinschaft ist Trägerin von Rechtsverhältnissen, die von denen der einzelnen Glieder völlig gesondert sind. Rechte und Pflichten des Staats, der Städte, der corpora sind nicht Rechte und Pflichten der Einzelnen, die ebensowenig für die Schulden der Gesammtheit, wie diese für die Schulden der Einzelnen einzustehen haben. Die Organe der Gesammtheit handeln nur soweit als Organe derselben, wie sie sich innerhalb der durch Gesetze und Statuten gezognen Vollmachtsgrenzen halten. Da diese Vollmacht niemals auf ein rechtswidriges Handeln lauten kann, so kann auch niemals ein solches der Gesammtheit zur Last fallen, die keiner rechtswidrigen Gesinnung fähig ist. Es ergab sich daraus das Prinzip, dass die Korporation zu einem Schadensersatz für unerlaubte Handlungen ihrer Organe nicht haftbar gemacht werden kann. Der Rechtsanschauung des Mittelalters war diese Logik fremd. Die Gemeinschaften, deren Glied der Einzelne war, verlangten nicht blos einzelne Leistungen von ihm und gewährten ihm nicht blos einzelne Rechte, sondern erfassten seine ganze Persönlichkeit, die in Staat und Kirche, in Gemeinde und Herrschaft, in Berufsleben und in der Geselligkeit nur als Glied von Gemeinschaften in Betracht kam. Die Korporation stand nicht dem Einzelnen als etwas Anderes gegenüber, sondern der Einzelne lebte nur als Glied der Gemeinschaft, wie die Gemeinschaft nur in ihren Gliedern lebte. Die Gemeinschaft, die mit der Gesammtheit der Glieder identificirt wurde, hatte desshalb auch die Pflicht im Nothfall für die Verbindlichkeiten aller Einzelnen einzutreten, wie der Einzelne die Pflicht hatte, für alle Verbindlichkeiten der Gemeinden einzutreten. »Eine solche Anschauung musste sich um so eher entwickeln, in je festerer Geschlossenheit die Genossenschaften einander und den höhern Verbänden gegenübertraten und je energischer sie in allen Angelegenheiten des Lebens die einzelnen Genossen schützten und vertraten. Wenn überall nicht nur Einer für Alle, sondern Alle für Einen standen, so schienen auch Alle für Einen verantwortlich zu sein. . . . Und wenn auch die unbedingte Vertretung der Genossen durch die Genossenschaft im einzelnen Fall nicht gefordert schien, so verlangte man vielfach von der Gesammtheit, dass sie, um sich von der Haft für den schuldigen Genossen zu befreien, diesen förmlich aus ihrem Verbande weise und der Rache oder Strafe überlasse, und man machte die Gesammtheit wenigstens dann für den Genossen verantwortlich, wenn sie diesen gegen einen gerechten Anspruch in Schutz nahm, das Recht gegen ihn weigerte oder sonst sich mittelbar seine Handlung zu eigen machte«.[1] Die Handlung des Einzelnen erschien darnach, solange derselbe Glied der Gemeinschaft war, als eine von der Gemeinschaft zu vertretende Handlung, als eine Handlung der Gemeinschaft. Nur allmählich gelang es diese Anschauung zu überwinden. Durch ausdrückliche Verträge und Privilegien suchten sich später die Städte dieser Haftverbindlichkeit für ihre Bürger zu entledigen, ohne dass ihnen dies völlig gelungen wäre. In dem Verkehr von Gemeinden, Städten und Herren untereinander erhielt sich das ganze Mittelalter hindurch die Rechtsanschauung, dass sowohl bei Vergehungen wie bei Schulden eines Genossen der Gläubiger äussersten Falls sich an dessen Mitbürger oder Mitgenossen halten könne.[2] Galten demnach bis zu einem gewissen Grad die Handlungen der

---

[1] *Gierke*, Das deutsche Genossenschaftsrecht, II, 386 u. f.

[2] *Gierke* II, 388.

einzelnen Glieder schon als Handlungen der Gemeinschaft, die sie zu vertreten hat, so musste dies in noch ganz anderem Masse gelten von den Handlungen der Organe der Gemeinschaft. Indem die Organe im Namen der Gemeinschaft einen Willen erklärten und bethätigten, handelten sie nicht nur für die Gemeinschaft als corpus, sondern sie handelten für die Gesammtheit der einzelnen Genossen. Ihr Wille, ihre Handlung galten als Wille, als Handlung aller Einzelnen. Damit war denn auch der mit dem römischen Recht in unmittelbarem Widerspruch stehende Satz gegeben, dass die Gemeinschaften rechtswidrige Handlungen begehen und dass die aus denselben entspringenden Rechtsnachtheile über Gemeinschaften verhängt werden können. Es ist damit nicht erwiesen, dass das logisch Unmögliche praktisch doch möglich sein könne. Die Korporation als solche konnte auch im Mittelalter so wenig ein Verbrechen begehen, so wenig sie es im Alterthum und in der Gegenwart zu thun vermag. Auch im Mittelalter waren es selbstredend nur die einzelnen physischen Personen, die sich einer rechtswidrigen Handlung schuldig machten. Aber nach der herrschenden Rechtsauffassung musste für die Handlungen der Organe die Gesammtheit der Glieder einstehen.[1] Desshalb trafen auch die Rechtsfolgen der rechtswidrigen Handlungen der Organe, sofern dieselben nur im Namen der Gemeinschaft vollzogen waren, nicht die handelnden Personen allein, sondern die Gemeinschaft und damit die Gesammtheit aller Einzelnen. Desshalb konnte nicht blos die Gemeinschaft für schadensersatzpflichtig erklärt werden aus unerlaubten Handlungen ihrer Organe, sondern wegen derselben konnten ihr auch Strafen auferlegt werden. Da die Gemeinschaft nicht von ihren Gliedern getrennt gedacht wird, so erscheint auch die Gemeinschaft als strafbar.

In allen Lebenskreisen, in den Landgemeinden und den Markgenossenschaften, in den Städten und in den Zünften, wie nicht minder in der Kirche tritt uns diese Rechtsanschauung von dem Wesen der Gemeinschaften entgegen. Ueberall finden wir direkte

---

[1] Es ist desshalb m. E. ebenso unrichtig anzunehmen, dass die juristische Person ein Vergehen zu begehen fähig sei, wie es unrichtig ist, wenn *v. Savigny* II, 318 u. ff. die im Mittelalter über Korporationen verhängten Strafen nicht als Strafen, sondern nur als politische Massregeln betrachten will.

Zeugnisse, dass die Gemeinschaft für die rechtswidrigen Handlungen ihrer Organe und Beamten einzustehen hat, zum Schadensersatz verpflichtet ist und für Vergehen und Verbrechen derselben bestraft werden kann. [1]

Hat die Gemeinde einen Büttel erwählt, der in der Erfüllung seiner Amtspflichten säumig ist, so trifft sie die Strafe und sie hat Ersatz zu zahlen. [2] Hat die Gemeinde einen Gemeindebeamten erwählt, der die an die Herrschaft zu entrichtenden Abgaben erhebt, und veruntreut derselbe die Gelder, so hat die Gemeinde dafür Ersatz zu leisten. [3] Versäumen die Rügepflichtigen eine Rüge, so werden nicht nur sie, sondern auch die Gemeinde mit einer Busse belegt. [4] Missbrauch der polizeilichen Gewalt der Gemeinde gilt als ein von ihr zu büssender Frevel. [5]

In dem Sachsenspiegel III, art. 86 wird zunächst in § 1 der Fall behandelt, dass ein einzelner Dorfgenosse fremdem Feld und Acker einen Schaden zufügt. Er hat das mit 30 Schillingen zu büssen und den Schaden zu ersetzen. Weiterhin spricht die Stelle in § 2 davon, dass die Bauerschaft als solche einer andern einen Schaden zufügt. Sie hat denselben zu ersetzen und der Bauermeister als Vorstand des Dorfes das Gewette und die Busse zu zahlen. [6] Wird bei einer Weide,

---

[1] Vgl. hierzu sowie zu dem folgenden: *Maurer,* Geschichte der Markenverfassung S. 193, Geschichte der Städteverfassung II, 826 u. f. und *Gierke* II, 522 u. ff.; 817 u. ff. 905.

[2] Weisthum von Ulm (*Grimm* I, 429): und were daz der selbe büttel sümig were an den vorgen. dingen gegen dem abte und dem gotzhuse, dez ist das volk schuldig zu bessern die yne darzu erwelt hant.

[3] Ehaftrecht von Peitingau (am Lech) von 1435 (*Grimm* III, 649) c. 26: Item sezt aber das dorff einen amptman mit eines herrn willen, und dass derselbig amptman die steur u. dienst hat eingenommen, und sy einem herrn nicht ausrichte, so ist das dorff sy weder schuldig zu geben einer herrschaft.

[4] Weisthum des Cröver Reichs (*Grimm* II, 382): Zender u. gemeinde sind rügepflichtig; versäumen sie eine Rüge, so were der zender und seine gemeinde, die des tags schuldig da weren zu sein, irer jeglicher umb dieselbe buesse.

[5] Weisthum von Niederolm (*Grimm* IV, 599) § 18: der Gemeinde wird das Recht zugesprochen nach erfolglos gebliebner gütlicher Aufforderung einen Ueberbau abzubrechen und fortzunehmen mit dem Zusatz: und soll darumb die gemein ongefrevelt han.

[6] Ssp. III, art. 86 § 2: To der selven wis betert en burscap der anderen mit dren schillingen unde gilt in iren scaden, of man sie den ummesetenen

die zwei Dörfern gemeinsam ist, durch die Nachlässigkeit des von der einen Gemeinde bestellten Hüters der andern ein Schaden verursacht, so hat die erstere für den Schaden zu haften.[1]

Wie die Dorfgemeinde, so war auch die Stadt verpflichtet den Schaden zu ersetzen, den ihre Organe verursacht haben. Hatten Bedienstete der Stadt Jemanden widerrechtlich erschlagen, so haftete die Stadt für das Wergeld, das die Verwandten des Erschlagenen zu fordern haben.[2] In andern Fällen wird die Stadt nur subsidiär für haftbar erklärt, wenn die schuldigen Personen die Strafe und den Ersatz nicht leisten können. So erkennt im Jahre 1366 der Erzbischof von Mainz, der vom Kaiser mit der Entscheidung der innern Streitigkeiten Frankfurts beauftragt worden war, in aller Form Rechtens dahin, dass die flüchtigen Schöffen zur Zahlung einer Geldbusse von 8000 Gulden schuldig sein sollten; soweit aber diese Busse von ihnen nicht beizutreiben sei, der Rest von der Stete gemeynen Gut genommen werden solle.[3]

Hatte die Stadt für ihre Organe, so hatte die Zunft einzustehen für die rechtswidrigen Akte ihrer Organe. Vielfach waren die Abfassung neuer Satzungen, die Aufnahme von Anleihen, die Auflage von Steuern an die Genehmigung des Raths der Stadt gebunden. Wurde dagegen gehandelt, so wurde die Zunft als Gemeinschaft in Strafe genommen.[4]

---

beklaget, als man durch recht sal. Weigeret sie aver dar rechtes und werdet sie dem oberen richtere beklaget, ire buremeister mut vor sie alle wedden en gewedde unde den geburen mit drittich schillingen büten unde iren scaden gelden.

[1] *Grimm* V, 713, Weiderecht zu Klein-Nidesheim (Utzelheim) und Bobenheim in der Rheinpfalz von 1531.

[2] Urkundenbuch der Stadt Lübeck II, 836 u. f. n. 894, 895 von 1348. Servitores der Stadt hatten einen Mann aus Flensburg erschlagen. Die Heimathsgemeinde der Verwandten tritt mit der Stadt Lübeck in Verhandlungen über Bezahlung des Wergelds. Der Rath beurkundet: H. de A. interfectus fuit per servitores civitatis et nos concordavimus cum fratre suo N. etc. . quod ipsum persolvimus pro 40 marcis den. . . . Aehnlich Hamburger Urkundenbuch. n. 522, p. 445 von 1241.

[3] *Böhmer*, Cod. diplom. Moenofrancofurtanus p. 703, 706.

[4] Beschluss des Strassburger Raths von 1322: Unde weliche andwercke die vorgeschriben ding brichet, daz bessert zehen pfunt dem rate. (*Mone*, Zeitschrift für die Geschichte des Oberrheins XVI, 183.) Vgl. *Schmoller*, Die Strassburger Tucher- und Weberzunft (1879) S. 48. Aehnlich Erkenntniss des Züricher Raths von 1336 bei *Bluntschli*, Staats- und Rechtsgeschichte von Zürich, I, 325. S. auch *Gierke* II, 905.

Die Haft- und Strafbarkeit der Städte und Gemeinschaften ward im Mittelalter von dem weltlichen Recht ausnahmslos anerkannt. Dieselbe ward in Reichs- und Landesgesetzen so häufig ausgesprochen, dass es unnöthig erscheint, hierfür besondere Belege beizubringen. [1] Nur erinnert sei an das grosse römische Gesetz Friedrichs II. von 1220 zum Schutze der Kirche, aus welchem zwei wichtige Stellen bekanntlich als Authenticae auch in den Justinianischen Codex Aufnahme gefunden haben. Städte u. s. w., welche den Kirchen Steuern oder Lasten auflegen oder Kirchengüter sich aneignen, haben dreifachen Schadensersatz zu leisten und verfallen ausserdem in die Reichsacht. [2]

Die mittelalterliche Anschauung, dass die Verschuldung der Organe und der einzelnen Glieder als Verschuldung der Gemeinschaft zu betrachten sei, zeigte ihre Macht am auffälligsten darin, dass auch die Kirche sich nicht scheute, geistliche, das Seelenheil aller Einzelnen berührende Strafen über Korporationen zu verhängen wegen Vergehen, die deren Organe gegen die Kirche begangen hatten. Es kommt hierbei weniger das Interdict in Betracht, obwohl dasselbe offenbar auf diesem Grundgedanken ruhte. Aber das örtliche Interdict war immerhin mehr eine politische Massregel, eine Waffe, welche die Kirche im Kriege mit der weltlichen Gewalt gebrauchte, als eine eigentliche Kirchenstrafe, welche Sühne oder Besserung anstrebt. Schon frühe sind denn auch Stimmen laut geworden, welche die Ungerechtigkeit des Interdicts, das Schuldige und Unschuldige gleicher Massen treffe, beklagten. [3] Charakteristischer ist es, dass auch die Excommunication über Städte, Domkapitel und andere Korporationen verhängt wurde, was selbstredend

---

[1] Siehe *Gierke* II, 817.

[2] Der Text selbst bei *Pertz*, Mon. Leg. II. 243. Authent. c. 2, Cod. I, de episcopis 3: Item nulla communitas (im Original potestas) vel persona publica etc. Quod si fecerint et . . . emendare contemserint, triplum refundant et nihilo minus banno imperiali subiaceant. Auth. c. 13, Cod. 1, 3 Item quaecunque communitas vel persona.

[3] *Gerhoh* von Reigersberg (c. 1146): non totus populus [judicio] involvatur, sed innocens a nocente, justus ab injuste juste discernatur. Vgl. hierüber den Aufsatz von *Kober*, Archiv für katholisches Kirchenrecht, Bd. 21, 28 u. ff.

nichts anderes bedeutete, als dass alle Glieder dem Banne verfielen.[1] Jedoch traten die Ungerechtigkeit und Unangemessenheit des auf eine ganze Gemeinschaft ausgedehnten Kirchenbannes so klar hervor, dass die Kirche bald dazu gedrängt wurde, diesen Missbrauch der geistlichen Strafgewalt zu beseitigen. Das Studium des römischen Rechts musste zu der Erkenntniss führen, dass die Identificirung der Gemeinschaft mit der Gesammtheit aller einzelnen Glieder von dem Rechte nicht überall anerkannt werden könne. So war es denn auch gerade ein Papst, der zu Bologna das römische Recht gründlich studirt hatte, Innocenz IV.,[2] der zuerst sich gegen die Verhängung des Kirchenbannes über Korporationen aussprach. In seinem Commentar zu den Decretalen erklärt er, eine Korporation könne nicht excommunicirt werden, denn sie könne unmöglich ein Verbrechen begehen, wie sie auch eines dolus sich nicht schuldig machen könne.[3] Auf dem Concil von Lyon von 1245 erliess er denn auch das Verbot, Korporationen und Kollegien mit dem Banne zu belegen, denn dadurch würden häufig auch Unschuldige getroffen.[4] Bald darauf sprach sich auch der angesehenste Kirchenlehrer des 13. Jahrhunderts, Thomas von Aquino, mit Entschiedenheit dahin aus, dass es gegen Gottes Gebot gehe, eine Gemeinschaft zu excommuniciren.[5]

Indess bezog sich das Alles nur auf den Kirchenbann. Auch Innocenz IV. konnte sich von der Vorstellung, dass eine Korporation

[1] C. 11 X. de except. 2, 25. Es ist darin von einem Domkapitel die Rede, das in seiner Eigenschaft als Korporation excommunicirt worden war. S. auch die oben angeführte Authent.: Item quaecumque communitas vel persona per annum in *excommunicatione* facta propter libertatem ecclesiae persistiterit, ipso jure imperiali banno subiaceat, a quo nullatenus extrahatur, nisi prius ab ecclesia absoluta fuerit.

[2] Vgl. *Schulte*, Geschichte der Quellen und Literatur des can. Rechts II. 91.

[3] Comment. in quinque libros Decret. (ed Francof. 1579), in L. V. decret. 39 de sentent. excomm. c. 52 (p. 557). »Universitas autem non potest excommunicari, quia impossibile est, quod universitas delinquat, quia universitas, sicut est capitulum, populus, gens et hujus modi nomina sunt juris et non personarum. . . . Item universitas nihil potest facere dolo.«

[4] C. 5 de sentent. excom. in VIto 5, 11: In universitatem vel collegium proferri excommunicationis sententiam penitus prohibemus, volentes animarum periculum vitare, quod exinde sequi posset, cum nonnunquam contingeret innoxios hujusmodi sententia irretiri.

[5] *Thomas Aquin.*, Comment. in quattuor sentent. Dist. XVIII, qu. 2, art. 3. — Vgl. *Kober*, Der Kirchenbann S. 100.

einen Auftrag zu einem Verbrechen ertheilen oder ein begangenes Verbrechen nachträglich genehmigen könne, nicht befreien. In solchen Fällen sei natürlich die Korporation strafbar und zwar könnten sowohl kirchliche Strafen, wie Suspension und Interdict, als auch weltliche Strafen über sie verhängt werden.[1] Den Widerspruch, in den er dadurch selbst mit seiner frühern Behauptung, dass die Korporation *unmoglich* ein Vergehen begehen könne, geräth, bemerkt er nicht oder macht wenigstens keinen Versuch ihn zu lösen. Auch scheute sich am Schlusse des 13. Jahrhunderts Papst Bonifaz VIII. nicht, allen Städten und Gemeinden anzudrohen, dass sie von Rechtswegen auch ohne vorheriges Urtheil dem Interdict verfallen sollen, wenn sie es wagten Kirchen und Geistliche mit Steuern zu belegen. Sie sollen von dem Interdict nicht früher absolvirt werden, bis sie vollständigen Ersatz geleistet haben.[2]

---

[1] Comment. l. c. »Fatemur tamen, quod si rectores alicujus universitatis vel alii aliquod maleficium faciunt de mandato universitatis totius vel tantae partis, quod invitis aliis maleficium fecerint, vel etiam sine mandato fecerint, sed postea universitas quod suo homine erat factum, ratum habet, quod universitas punietur speciali poena suspensionis et interdicti.« Ebenso sei es im weltlichen Recht.

[2] C. 4 de censibus in VIto 3, 20.

IV.

Je mehr das römische Recht sich der Geister bemächtigte und die Rechtsanschauungen zu beherrschen begann, um so mehr mussten Zweifel entstehen, ob es überhaupt gerechtfertigt sei, den Korporationen die Handlungen ihrer Organe und Glieder zur Schuld zuzurechnen und sie für verbrechens- und straffähig zu erklären. Am Anfang des 14. Jahrhunderts warf der berühmte *Oldradus de Ponte* die Frage auf und meinte, nur dann könne von einem Verbrechen der Korporation die Rede sein, wenn sie in einer ordnungsmässig berufnen und gehaltnen Versammlung ihrer Glieder den Beschluss gefasst habe, die rechtswidrige Handlung zu begehen. Für die Handlungen ihrer Vorsteher, des advocatus, der consules sei sie nicht haftbar.[1] Eingehender behandelte sein noch berühmterer Schüler *Bartolus von Sassoferrate* die Frage, kommt aber im wesentlichen zu demselben Resultat. Freilich meint er, streng genommen könne eine Korporation ein Verbrechen nicht begehen, quia proprie non est persona.[2] Auch sei es ungerecht sie zu strafen, denn die über die Korporation verhängten Strafen träfen ja auch Kinder und Unschuldige. Trotzdem musste auch die Theorie daran festhalten, dass Korporationen strafbare Handlungen begehen und gestraft werden können. Sie konnte sich mit dem geltenden Rechte, nach dem dies un-

---

[1] *Oldradus,* Consilia et Quaest. cons. 315 (ed. Venet. 1503. fol. 121): »Ergo oportet quod hoc delictum praecedat unitas consensuum eorum, qui de universitate simul congregatorum tuba sonata vel campana sonata vel alio tali signo hoc facere deliberantium sunt . . . Non obstat si dicatur universitatem teneri propter factum advocati et consulum, quia vere non tenetur ob delictum eorum.« Vgl. auch Cons. 66.

[2] »Proprie non potest delinquere, quia proprie non est persona«, in L. 16 § 10 D. de poenis 48, 19 (ed. Venet. 1615 VI, 187).

zweifelhaft der Fall war, nicht in einen so direkten Gegensatz setzen. Die Theorie konnte die Thatsachen des Rechtslebens nicht ignoriren oder wegläugnen. Sie musste, im Widerspruch mit sich selbst und ohne diesen Widerspruch erklären zu können, zugestehen, dass eine Korporation durch ihre Organe Verbrechen begehen und dafür bestraft werden könne. Doch suchte sie die Verbrechensfähigkeit und die Strafbarkeit der Korporationen möglichst einzuschränken. Schon *Bartolus* sagt, nur diejenigen Handlungen könnten als Vergehen der Korporation betrachtet werden, welche in den Kreis der der Korporation eigenthümlichen Functionen fielen, also wenn sie rechtswidriger Weise sich Statuten gebe, Recht spreche, Steuern auferlege u. s. w. Aber diese Handlungen könnten auch dann nur der universitas zugerechnet werden, wenn alle Glieder oder doch wenigstens der grösste Theil derselben den Beschluss gefasst oder nachträglich demselben zugestimmt hätten.[1] Gestraft könne die Korporation werden, wie ja auch nach römischem Recht in einzelnen Fällen der Sohn gestraft werde für die Verbrechen seines Vaters. Uebrigens könnten nur Geldstrafen der Korporation auferlegt werden und die Ungerechtigkeit könne dadurch vermieden werden, dass diejenigen Glieder, die nicht für den verbrecherischen Beschluss gestimmt hätten, auch zur Bezahlung der Geldstrafen nicht herangezogen werden sollten.[2]

Die spätern Postglossatoren wie die Criminalisten seit dem 15. Jahrhundert begnügten sich diese Argumente des *Bartolus* zu wiederholen und breit zu treten. Die Reichsgesetze gingen fortwährend von der Voraussetzung aus, dass die Korporationen fähig seien Verbrechen zu begehen und dass sie wegen dieser ihrer Verbrechen bestraft werden können.[3] Auch ward die Richtigkeit dieser

---

[1] *Bartolus* a. a. O., ferner in L. 15 D. de dolo malo 4, 3 »illi de universitate possunt coadunato consilio et campana sonata et similibus dolum committere.« (I. 130).

[2] In L. 16 § 10 D. de poenis 48, 19.

[3] Siehe z. B. Constit. Rudolphs I. von 1287 § 36 (*Pertz*, Leg. II, 451); Constit. Heinrichs VII. von 1312 (*Pertz*, Leg. II, 526). Goldne Bulle c. XV, § 2, 4, 6; Landfriede von 1548 tit. II, XIV, XIX; Kammergerichts-Ordnung von 1555 II, tit. 12 Reichspolizeiordnung von 1577 tit. X, XV u. s. w.

Voraussetzung von keiner Seite geläugnet.[1] Die deutschen Praktiker des 16. Jahrhunderts, vor allen die Schriftsteller des Reichskammergerichts folgten der italienischen Theorie. Doch wirkte in ihnen die mittelalterliche Rechtsanschauung noch stärker nach. Die universitas sei ja nichts anderes als die Gesammtheit aller Einzelnen; und wenn alle Einzelnen einen verbrecherischen Beschluss fassen, dann müssen auch alle Einzelnen dafür einstehen, d. h. eben die Korporation; dann könne man sagen, die Korporation habe eine strafbare Handlung begangen,[2] und zwar nicht blos ficte et improprie, sed vere et proprie. Von diesen Anschauungen ging auch das Reichskammergericht selbst aus.[3] —

Seitdem ein eigentliches Beamtenthum entstanden war und sich mehr und mehr ausbildete, musste man zu einer Unterscheidung der eigentlichen Organe der Korporation und der angestellten Beamten gelangen. Es lag auf der Hand, dass Handlungen der im Dienstverhältniss zu der Korporation stehenden Beamten nicht gleichgestellt werden konnten den Beschlüssen, die von den Vertretungskörpern oder dem Vorstand (den Repräsentanten im ältern Sinne des Wortes) der Korporation gefasst wurden. Mit der modernen Bildung und Weltauffassung änderte sich auch die Anschauung über das Verhältniss des Individuums zu der Gemeinschaft. Geht der Einzelne nicht mehr in der Gemeinschaft auf, so fühlt dieselbe sich auch nicht mehr haftbar für das, was der Einzelne thut,

[1] *Prosper Farinacius,* Praxis et Theor. crimin. I, 3 qu. 24 n. 109: »quod universitas delinquat per suos rectores et gubernatores, negari non potest. . . Et ex ratione hodie universitates propter earum delicta saepe numero puniri absque controversia videmus observatum« (ed. 1597 p. 319). Vgl. auch *Julius Clarus,* Sentent. recept. L. IV. Quaest. 16 n. 35 (ed. 1636 p. 509); *Antonius Gomez,* Comment. varior. resol. III, c. 1, n. 52 (ed. 1572 p. 441). Sehr ausführlich *Losaeus,* Tractatus de jure universitatum (Venet. 1601). Pars. IV. de delictis et quasi delictis universitatum (p. 240—278), ohne dass derselbe etwas neues beibrächte.

[2] *Mynsinger,* Sing. Observ. Cent. IV. observ. 78 (ed. 1599 p. 307). »Ergo constat, quod si omnes vel major pars civium delictum aliquid committant, ipsa civitas sive universitas deliquisse dicatur, cum universitas nihil aliud sit quam homines universitatis.« Vgl. auch obs. 79 (p. 308). *A. Gail,* de Pace publica II, c. 9 n. 4. »Universitas enim nihil aliud est quam homines universitatis; quidquid igitur homines civitatis deliberato consilio faciunt, universitas fecisse censetur« (ed. 1661 p. 118).

[3] Vgl. die Urtheile desselben von 1555 bei *Mynsinger* a. a. O. obs. 78 und von 1584 bei *Meichsner,* Decision. divers. causarum in camera Imp. judic. IV, 607. Dec. 22 n. 96 (Francof. 1606).

selbst nicht mehr, wenn er es in ihrem Namen thut. Die angestellten Beamten aber, die einen Lohn erhalten, deren Verhältnisse zu der Korporation zunächst nach privatrechtlichen Grundsätzen beurtheilt wurden, sind nicht die Korporation, sie führen nur deren Aufträge aus. Für ihre Handlungen ist die Korporation nur soweit haftbar, soweit der Auftraggeber für die Handlungen des Mandatars haftbar wird, d. h. soweit ihn eine culpa in eligendo trifft. Das waren die Grundsätze, die schon *Baldus* aufstellte für den Fall, dass ein geistlicher oder weltlicher Richter einen Stellvertreter zur Ausübung seiner richterlichen Functionen bestellte.[1] Als ein merkwürdiges Beispiel dieser Anschauungsweise sei ein Schreiben der Regierung König Philipps des Schönen von Frankreich an Papst Bonifaz VIII. von 1303 erwähnt. Die Verfasser, *Wilhelm von Nogaret* und *Wilhelm du Plessis* suchen darin die Anklagen des Papstes gegen den König zurückzuweisen. Der König hatte bekanntlich Sperrmassregeln angeordnet, um den Verkehr der französischen Geistlichen mit Rom zu verhindern. Der Papst hatte die Aufhebung derselben gefordert, zugleich aber den König verantwortlich gemacht für angebliche Ungebühr und Widerrechtlichkeiten, welche die Beamten bei Ausführung dieser Massregeln den Geistlichen zugefügt hätten. Die französische Regierung aber lehnt jede Verantwortlichkeit des Königs ab, der König habe nur solche Beamte angestellt, die ihm als gut und tüchtig empfohlen worden seien. Begingen sie dann bei Ausübung ihres Amtes widerrechtliche Handlungen, so gehe des Königs Verpflichtung nur dahin, auf erhobene Klage die Beamten vor Gericht zu stellen und bestrafen zu lassen; nicht aber habe er für den von ihnen verursachten Schaden Ersatz zu leisten.[2]

---

[1] *Baldus* in Cod. de poena judicio VII, 49 (ed. Venet. 1577, fol. 62). »Quaero, numquid episcopus teneatur de imperitia vicarii? Resp. non, quia eum praeposuit justitiae faciendae et episcopus dedit operam rei licitae et consuetae, dum vicarium creavit.« Ebenso wenn eine weltliche potestas einen vicarius bestellt. Sie ist nur bei culpa haftbar, »quia debet esse curiosus, ne curia sua injustitiam facere . . Quaero quod in factis extra judicium numquid potestas teneatur de delictis familiaris? Resp. non, nisi eatenus ut exhibeat, si potest, vel nisi mandaverit vel ratum habuerit.«

[2] »Et si per injuriam custodes passuum laedunt aliquem vel fraudem in officio committant, regi culpa non debet imputari, dum tamen certioratus justitiam exhibeat de iisdem. Mala enim regis electio custodum talium non potest ascribi regi, cum ipse ponat illos, quos bonos reputat, et qui boni sibi dicuntur

Um dieselbe Zeit begannen die Postglossatoren, in Veranlassung von practischen Fällen, in denen sie um Gutachten angegangen wurden, die Frage eingehender zu erörtern, ob eine Korporation durch die rechtswidrigen Handlungen der von ihr angestellten Beamten zu Schadensersatz verpflichtet werde. *Oldradus de Ponte* betrachtete das Verhältniss des Beamten zur universitas einfach als ein Mandatsverhältniss und wendet die römisch rechtlichen Grundsätze über Mandat darauf an. Er nimmt eine Haftbarkeit der universitas nur an, wenn sie durch einen ordnungsmässig gefassten Beschluss dem Beamten den Auftrag ertheilt oder nachträglich seine Handlung genehmigt hat.[1] Denselben Standpunkt nimmt *Bartolus* ein; die Vergehen der Beamten seien nicht Vergehen der universitas, denn diese habe ihnen nicht den Auftrag ertheilt, rechtswidrige Handlungen zu begehen.[2]

Indessen trotz solcher Autoritäten vermochte diese Theorie doch nicht das Leben zu beherrschen. Noch hielt die Rechtsüberzeugung des Volks die Korporation, die Gemeinde, den Staat verantwortlich für die Handlungen ihrer Organe und Beamte. Die Juristen mussten sich dazu bequemen, in dem römischen Recht Gründe zu finden für eine derartige, mit dem römischen Recht in Widerspruch stehende Ansicht. Am Anfang des 15. Jahrhunderts zauderte man denn auch nicht, diesen Schritt zu thun und auf dem beliebten Wege der Analogie zu beweisen, dass auch nach römischem Recht die universitas für die Handlungen ihrer Beamten haftbar sei. *Paulus de Castro* (gestorben 1441) unterscheidet, ob der Beamte gehandelt habe in Ausübung seines Amtes oder nicht. Im erstern Fall sei die Korporation auch für seine rechtswidrigen Handlungen haftbar, wie ja auch die Steuerpächter nach römischem Recht haftbar

---

praesidentes in officiis supradictis, qui ministros alios adhibeunt sibi necessarios, cum per se complere non possent.... Nec potest ignorans dominus reprehendi, dum tamen, cum sciverit, justitiam adhibeat« (*Leibnitz*, Mantissa cod. Jur. gent. [1700] p. 336).

[1] *Oldradus*, Cons. 66. »An ex delicto administratorum vel praesidentium puniatur universitas? . . . licet ipsi praesidentes puniantur, non tamen universitas, nisi mandaret vel ratum haberet.«

[2] *Bartolus* in L. 16 § 10 D. de poenis 48, 19. »Quaero, an ex delicto officialium teneatur universitas? verum quod non, quia universitas non verum mandasse officiali quod delinquat . . et ideo verum quod ex facto officialis non teneatur, nisi secuta ratihabitione vel mandato praecedente.»

seien für die Ausschreitungen ihrer Angestellten, der pater familias für die Handlungen des Haussohnes u. s. w. Habe der Beamte aber ein Vergehen begangen extra officium, dann könne auch von einer Haftbarkeit der Korporation keine Rede sein. [1] *Ludovicus Romanus* (oder *Pontanus* 1409—1439) stellt es schon unter Berufung auf die unbedingte Haftpflicht des mensor für seine Gehilfen [2] als eine allgemeine Regel hin, dass die Korporation zu haften habe für die dolosen und culposen Handlungen, welche ihre Beamten bei Ausübung ihrer amtlichen Functionen verüben. [3]

Damit waren denn auch den deutschen Romanisten des 16. Jahrhunderts die Wege gewiesen. Da man trotz der theoretischen Zweifel, deren man sich nicht erwehren konnte, es für die Praxis als sicher annahm, dass eine Korporation selbst eine rechtswidrige Handlung begehen und dafür zur Rechenschaft gezogen werden könne, so trug man auch kein Bedenken entweder den Korporationen überall culpa in eligendo zuzuschreiben, wo ein von ihnen angestellter Beamter ein Vergehen bei Ausübung seiner amtlichen Functionen begangen hatte, oder aber dessen Handlungen als Handlungen der Korporationen anzusehen. Indess kam diese Theorie nun doch mit den Ansprüchen der zur Staatsgewalt erstarkenden Landeshoheit in's Gedränge. Die Landesherren waren keineswegs geneigt, eine solche weitgehende Haftungsverbindlichkeit für die rechtswidrigen Handlungen ihrer Beamten, deren Zahl sich im Laufe des 16. Jahrhunderts mehr und mehr vergrösserte, zu übernehmen. Mit derselben Kühnheit, mit welcher die Juristen die Rechtssätze über den mensor und über die Steuerpächter auf die Korporation

---

[1] *Paulus de Castro*, Consilia I cons. 424 (Venet. 152, fol. 217). »Nam ex maleficio officialium commisso super eo ad quod deputati sunt seu in officio ejus eis commisso tenetur dominus suo proprio nomine . . . . sed in casu nostro extra officium et non sumpta occasione officii nec tamquam gubernator hoc fecit, igitur communitas non tenetur.«

[2] *Ludovicus de Ponte Romanus*, Consilia (ed. Francof. 1577) cons. 338 § 6 u. ff. »Ceterum dico ipsam civitatem seu communitatem obligatam fore ei cui neglectum est seu denegatum justitiam fieri per ipsius civitatis officiales. . . Regula est generalis quae vult quid officialis constituens teneatur pro facto vel neglectu officialium suorum, cum dolus vel negligentia commissa sunt circa ea quae pertinent ad officium sibi commissum.«

[3] L. 2 § 1 D. si mensor 11. 6.

und den Landesherrn übertragen hatten, mit derselben Kühnheit stellten sie die Beamten den Sklaven der Steuerpächter gleich. Wie nach dem römischen Recht der Steuerpächter sich von der Haftung befreien kann durch noxae datio, falls der Schuldige sein eigner Sklave war, so soll auch der Landesherr und die Stadt sich von der Haftung für die rechtswidrigen Handlungen ihrer Beamten befreien können, wenn sie den Beamten bestrafen oder verbannen. Der Erste, bei dem diese ebenso erfinderische wie thörichte Wendung vorkommt, dürfte wohl der Wittenberger Professor *Hieronymus Schurpf* sein, dessen interessante Persönlichkeit uns durch die gelehrten Untersuchungen *Muthers* neuerdings näher gebracht worden ist.[1] Er hält die von den italienischen Juristen, besonders von *Julius Romanus* beigebrachten Analogien mit der Haftung des mensor und der publicani für völlig beweiskräftig. Es sei damit evidenter erwiesen, dass aus den widerrechtlichen Handlungen der Beamten auch eine Klage gegen die civitas, den princeps, die communitas, die ihn angestellt habe, erhoben werden könne. Aber »licet isto casu civitas conventa liberabitur, si exhibeat, id est in potestatem curiae ponat illum, ex cujus facto vel negligentia tenetur.« Und dafür wird verwiesen auf L. 1 § 6 D. de publicanis, 39, 4. Dass gerade nach dieser Stelle die noxae datio der Sklaven des Steuerpächters nur dann den Herrn von der Ersatzpflicht befreite, wenn die Auslieferung des Sklaven vor Anhebung des Prozesses stattgefunden hatte,[2] erregte natürlich kein Bedenken.[3] Zu denselben Resultaten kamen andere Juristen, die es zwar verschmähten, sich auf derartige Analogien zu stützen, die aber den Landesherrn oder die Stadt nur dann verantwortlich für die Handlungen der Beamten erklärten, wenn sie die Handlungen anbefohlen oder nachträglich genehmigt hätten. Eine stillschweigende Genehmigung liege aber

---

[1] Geb. 1481; gest. 1554. Vgl. *Muther,* der Reformationsjurist Dr. *Hieronymus Schürpf* (1858), Aus dem Universitäts- und Gelehrtenleben im Zeitalter der Reformation (1866) S. 178—219; 415—454.

[2] Cf. L. 3 pr. § 2 h. t. — *Wyss,* Haftung für fremde culpa S. 65.

[3] *H. Schürpf,* Consiliorum s. responsorum juris centuria I, cons. 40 (ed. Frankfurt 1545 p. 209). Cent. III. cons. 98 (1533 p. 517). ». . . liberabitur a tali obligatione ipsum exhibendo.» Vgl. übrigens auch die schon oben Seite 37 angeführte Stelle von *Baldus.*

vor, wenn der Beamte, der eine Rechtswidrigkeit sich habe zu Schulden kommen lassen, nicht bestraft oder verbannt werde.[1]

Diesen unsichern Stand hielt die deutsche Theorie bis gegen Ende des 17. Jahrhunderts ein.[2] Man glaubte die Ansicht nicht aufgeben zu dürfen, dass der Staat, die Gemeinde, überhaupt Korporationen Verbrechen begehen können, wie denn auch die höchsten Reichsgerichte nicht selten Strafen gegen Gemeinden aussprachen.[3] Bis an das Ende des 18. Jahrhunderts wurden in den einzelnen Territorien Vorschriften an die Gemeinden erlassen, für deren Nichtbeachtung die Gemeinde als solche verantwortlich gemacht und mit Strafe bedroht ward.[4] Doch suchte man in der früher angegebnen Weise die Strafbarkeit der juristischen Personen möglichst einzuschränken. Vor allem können nicht alle Verbrechen der Vorstände und Beamten als Verbrechen der Korporation angesehen werden; denn sie sind nicht dazu bestellt, Verbrechen zu begehen, sondern um ordnungsgemäss zu verwalten.[5] Dagegen gründete man die Verpflichtung der Landesherren und Gemeinden zur Leistung von Schadensersatz auf jene obenerwähnten Analogien des römischen Rechts. Mit grosser Ausführlichkeit und nicht geringerer Confusion behandelt *Nikolaus Myler* von Ehrenbach, der Tübinger Professor, in seiner berühmten Hyparchologia, dem ersten Handbuch des deutschen Beamtenrechts, die Frage, ohne jedoch sie wesentlich zu fördern. Er begnügt sich die Behauptungen seiner Vorgänger zu wiederholen.[6]

---

[1] S. *Mynsinger,* Sing. Observ. Cent. IV, obs. 79 (p. 308).

[2] Siehe z. B. *J. H. Stamm,* de Servitute personali (3 ed. Francf. 1699) II. c. 15 (p. 417 seq).

[3] Siehe z. B. *Gail,* de Pace publica II, c. 9 u. 10 (p. 118); *Mynsinger,* Cent. II. obs. 30 (p. 97); *J. J. Moser,* Alte und neue Reichshofrathsconclusa (1704) II, 207; *J. H. Böhmer,* Jus eccles. Protest. I, 1 § 61 (I, 58 u. ff.) Mandat des Reichskammergerichts vom 17. Sept. 1694 gegen Augsburg.

[4] Z. B. Chursächs. Mandat, die auf den Dörfern zu beobachtende Feuerordnung betreff. vom 18. Febr. 1775 I, § 15. — *Haubold (Gaudlitz)* de Finibus inter jus singulorum et universitatis regundis (1804) p. 85. *Sintenis* de delictis et poenis universitatum (1825) führt p. 60 ein chursächs. Mandat vom 26. September 1773 an.

[5] S. z. B. *Chr. Besold* (1577—1638) Consil. (1661) N. 91. Quaest. 5. n. 114 . . »non enim ad delinquendum constituti sunt, sed ad rite administrandum.«

[6] Hyparchologia s. de officialibus, magistratibus et administris liber singularis (1678) c. X, § 20, 21 p. 525 seq.

Indem er Mandat, Analogien der Haftung der Steuerpächter, der noxae datio u. s. w. mit einander in einen Topf wirft, kommt er zu dem Resultat, dass der Landesherr sich zwar im allgemeinen von seiner Haftungsverbindlichkeit befreien könne durch Auslieferung des schuldigen Beamten, nicht aber dann, wenn ihn eine culpa in eligendo treffe. Seit dem Ende des 17. Jahrhunderts bahnt sich insofern eine etwas grössere Klarheit an, als man die abgeschmackten Analogien der Haftung der Steuerpächter, der noxae datio u. s. w. aufgab. Freilich blieb man aber dabei stehen, das Verhältniss des Beamten zu dem Staate als ein rein privatrechtliches aufzufassen, das man nun am richtigsten als Mandatsverhältniss betrachten zu dürfen glaubte. Es war das keine neue Richtung, man kam damit nur wieder auf den Weg zurück, den die Postglossatoren schon eingeschlagen hatten. Hierher gehören die Abhandlungen von *Samuel Stryk* von 1682,[1] der zuerst betonte, dass der Landesherr durch Auslieferung der Beamten sich von seiner Verantwortlichkeit nicht befreien könne, von *Nikolaus Hert* von 1709,[2] von dem Criminalisten *Johann Peter Kress* von 1732,[3] dem Baseler *Feschius*[4] und andern, von denen meist der eine genau das sagte, was der andre gesagt hatte. Die Ansichten gingen nur darin auseinander, wann und in wie weit eine culpa des Landesherrn angenommen werden könne, ob eine unläugbare culpa bei Anstellung oder Beaufsichtigung des Beamten nachgewiesen werden müsse, oder ob der Nachweis einer speziellen culpa nicht verlangt werden könne, vielmehr eine culpa des Landesherrn zu präsumiren sei, wenn ein Beamter eine rechtswidrige Handlung begehe, da der Landesherr doch nur tüchtige Beamte anzustellen habe. Während *Stryk* und andere sich in dem letztern Sinn aussprachen, wollte schon *Hert* eine Haftungsverbindlichkeit des Landesherrn nur

---

[1] S. *Stryk,* de obligatione principis ex facto ministri 1682 (in Opp. Omnia [1743] IV, 329—349). Er fasst seine Resultate folgendermassen zusammen: »Princeps tali casu non ulterius obstringitur quam ut officialem negligentem puniat et in quantum bona officialis sufficiunt, inde damnum passo satisfaciat, ipse vero exinde non tenetur, nisi vel per factum ipsius concurrat vel negligentia officialis connivendo culpae se participem reddat.«

[2] De pluribus hominibus personam unam gerentibus (Giessen) § 6 p. 28.

[3] De Jure officiorum et officialium Helmst. 1732. C. 5, § 3.

[4] De factis officialium quatenus dominus teneatur.

dann annehmen, wenn der Beamte intra limites mandati officii sive praepositionis gehandelt habe.[1] *Hert*[2] selbst in Giessen, andere angesehene Juristen der Zeit, wie *Ferd. Chr. Harzprecht*[3] in Tübingen, *Ludewig*[4] in Halle brachten diese Ansicht in Gutachten und in der Spruchpraxis zur Geltung. Ihr schlossen sich dann auch die bedeutenderen Juristen des 18. Jahrhunderts an, sodass sie durchaus als die damals herrschende bezeichnet werden kann.[5] In ihrer Anwendung auf die Praxis besagte diese Theorie natürlich nur, dass, von Ausnahmefällen abgesehen, der Landesherr für die rechtswidrigen Handlungen seiner Beamten nicht zu haften habe. Ging man davon aus, dass der Beamte der Mandatar des Landesherrn, dass das Mandatsverhältniss ausschliesslich nach dem römischen Recht zu gestalten und zu beurtheilen sei, so war ja auch ein solches Resultat ganz folgerichtig. Indessen zeigte es sich bald, dass diese Theorie doch nicht ausreichte und dass auch hier das moderne Staats- und Rechtsleben nicht auf die Dauer in die Fesseln des römischen Rechts zu schlagen war. Thatsächlich war eben der Beamte nicht der Mandatar des Landesherrn, sondern ein Organ der öffentlichen Gewalt. Thatsächlich lag nicht ein privatrechtliches, sondern ein öffentlich rechtliches Verhältniss vor. Die Ueberzeugung, dass von Rechts wegen die Gemeinschaft einzustehen

---

[1] *Zachariae* S. 595 meint, diese Ansicht sei erst in der zweiten Hälfte des 18. Jahrhunderts zur Geltung gekommen. Es ist dies unrichtig, wie denn überhaupt *Zachariae's* dogmengeschichtliche Mittheilungen mehrfach ungenau sind.

[2] Responsa et consilia (1729), I, resp. 53 n. 9.

[3] Consil. Tubing. VI (Tübingen 1699) cons. 95 n. 277 (p. 1814). »Dieses vermag jedoch nicht dahin extendirt werden, dass ein Bischof oder anderer fürstlicher administrator auch um seiner ministrorum et officialium dolosas vel saltem culposas actiones . . . Red und Satisfaction zu geben adstringirt werden möge, cum haec denuo obligàtio ad evidentissime impossibilia ac proinde iniquissima ipsoque jure proculdubio nulla foret.«

[4] Consilia Hallensia (1735) II, Lib. II resp. 45 n. 17: »es falle einem principi schlechterdings unmöglich, von einer so grossen Menge Bedienten so genaue Information zu haben, daher ihm nicht schade, was sie dolo vel negligentia versehen.«

[5] S. z. B. Anmerkungen des Freiherrn *von Kreittmayr* zum Cod. Max. Bavaricus civilis von 1756, Th. V, Kap. 24 § 14; *Strubens* Rechtliche Bedenken II n. 85 S. 324. – Vereinzelt steht *J. F. W. de Neumann*, Meditationes Juris princip. priv. (1751) I, 326 mit seiner nicht weiter begründeten Ansicht, dass der Fürst zum Ersatz des durch dolus oder culpa seiner Beamten verursachten Schadens verpflichtet sei.

habe für die rechtswidrigen Handlungen ihrer Organe, war zurückgedrängt, aber nicht gänzlich unterdrückt. Insbesondere musste es ungerecht erscheinen, dass die Gesetze in so vielen Fällen die gerichtliche Hinterlegung des Vermögens oder eines Theiles desselben von den Unterthanen forderten, während doch der Fiscus nach römisch rechtlichen Grundsätzen nur zu haften hatte, wenn dem Landesherrn eine culpa in der Auswahl oder der Beaufsichtigung der Beamten nachzuweisen war. [1]

[1] L. 16 D. depositi 16, 3.—S. *Wyss* a. a. O. S. 92; *Goldschmidt,* Zeitschrift fur Handelsrecht XVI, 302. Siehe weiter unten.

V.

Seit der Mitte des 18. Jahrhunderts beginnen zunächst die Gerichte den Fiscus für die amtlich übernommenen Depositen in Fällen des Verlustes für haftbar zu erklären, wenn auch nur subsidiär bei Insolvenz des Beamten, durch dessen Verschuldung der Verlust entstanden ist.[1] Dann aber setzten auch Landesgesetze eine solche Haftbarkeit fest,[2] während allerdings andere Gesetze nur die Mitglieder der Behörde haften liessen.[3]

Die höchsten Gerichte einzelner deutschen Länder gingen noch weiter und legten ihren Entscheidungen das Prinzip zu Grunde, dass das Factum eines jeden Offizialen, welches er vi officii vornehme, Denjenigen, dessen Beamter er sei, verbinde, sowie dass dasjenige, was bei einem Privatmandatar stattfinde, sich auf die in Eid und Pflicht stehenden Beamten nicht appliciren lasse, der Landesherr vielmehr die facta officialium zu genehmigen schuldig sei.[4]

Die bedeutendste deutsche Gesetzgebung aus der zweiten Hälfte des 18. Jahrhunderts, das Preussische Allgemeine Landrecht, steht dagegen durchaus auf dem Boden der herrschenden Theorie, die

---

[1] Erkenntniss der Justizcanzlei zu Hannover vom 25. Februar 1751 bei *Strube* a. a. O. *Spangenberg,* der Herausgeber der neuen Auflage des Buches (1827) fügt die Bemerkung hinzu, das Gericht habe wohl eine Vernachlässigung der dem Gerichtsherrn obliegenden Controlle vorausgesetzt (II, 221).

[2] Hessen-Kasselische Verordnung vom 11. October 1776 § 4, 13 (*B. W. Pfeiffer.* Praktische Ausführungen aus allen Theilen der Rechtswissenschaft II, 374 u. f.); Bayerische Depositenordnung vom 24. October 1796 und 9. Juli 1802 (*Roth,* Bayer. Civilrecht I, 225).

[3] Preussische Depositenordnung vom 15. Sept. 1783 Tit. I § 57 u. ff. Für den Verlust ausgeliehener Depositengelder haftet das ganze Gericht, wenn bei der Ausleihung vorschriftswidrig gehandelt ist.

[4] Urtheile des Oberappellationsgerichts zu Cassel von 1762 und 1763 bei *Pfeiffer* a. a. O. S. 376.

auch noch von den Gesetzesrevisoren als richtig anerkannt worden ist.[1] Zwar findet sich in dem A. L. R. keine allgemeine Bestimmung über die Haftungsverbindlichkeit des Staats, aber die einzelnen Bestimmungen zeigen, dass der Gesetzgeber von dem Prinzip ausgegangen ist, dass der Beamte im Verhältniss des Mandatars zum Staate stehe. So hat der Patrimonialgerichtsherr für die von ihm bestellten Richter nur zu haften, sofern ihn eine Verschuldung in der Anstellung oder der Ueberwachung trifft.[2] In andern Fällen bestimmt das Gesetzbuch ausdrücklich, dass die Beamten zu haften haben, sofern sie sich bei der vom Staate ihnen aufgetragnen Sorge eines groben oder mässigen Versehens schuldig gemacht haben, so die Wegebaubeamten und die Zollbeamten.[3] Nur in Bezug auf die zur Post vorschriftsmässig eingelieferten Briefe und Sachen müssen die Postämter alle Versehen der Postbedienten und Postillone vertreten.[4] Soweit der Staat als Fiscus in reinen Privatrechtsverhältnissen steht, haftet er für die Handlungen seiner Beamten wie jede privatrechtliche Korporation.[5] Darüber bestimmt aber das A. L. R. II, 6, § 151: Die Rechte und Pflichten der Beamten der Korporationen sind nach ihren Anstellungen und Amtsinstructionen, übrigens aber nach der Lehre von Vollmachtsaufträgen zu behandeln. § 156: Die Korporation muss die Handlungen und Verträge der Beamten soweit vertreten, als diese, nach der Natur ihres Auftrages, denselben, ohne dergleichen Handlungen vorzunehmen, nicht würden ausführen können.[6]

---

[1] Zu A. L. R. II. 10 § 89: »Der Beamte befindet sich zu dem Staat in dem Verhältniss eines Mandatars. . . Ein Amtsversehen, wodurch ein Dritter in Schaden gesetzt wird, ist nur insofern denkbar, als der Beamte die ihm obliegende Pflicht ausser Acht gelassen hat; eine jede Vernachlässigung oder Uebertretung dieser Pflichten ist nothwendig eine Ueberschreitung der Amtsvollmacht; für Ueberschreitungen der Vollmacht ist aber der Machtgeber niemals verhaftet« (bei *Simon*, Preussisches Staatsrecht I, 322).

[2] A. L. R. II, 17 § 90—97.

[3] A. L. R. II, 15 § 12, 119.

[4] A. L. R. II, 15 § 185, 186. Durch die Zollordnung vom 26. Mai 1818 § 50 übernahm der Staat auch die Haftung für den durch die Zollbeamten verursachten Schaden.

[5] A. L. R. II, 14 § 76.

[6] Auf einem Missverständniss beruht es, wenn in allen neueren Abhandlungen über unsere Frage von *Pfeiffer* (Pract. Ausfuhrungen III, 383) bis auf Zachariae

Auch die Theorie blieb zunächst auf dem frühern Standpunkt stehen.[1] Es war die constante Praxis des Oberappellationsgerichts zu Cassel, welche den Anstoss zu weitern Untersuchungen der Frage gab und auch die Theorie zum Verlassen des bisherigen ausgefahrenen Geleises veranlasste. Der genannte Gerichtshof sprach mehrfach in seinen Erkenntnissen die Ueberzeugung aus, »dass der Staat für die Amtshandlungen aller derjenigen Staatsdiener, welchen die Ausübung irgend eines Theils der Staatsgewalt anvertraut ist, einzustehen und für die von denselben in ihrem Amte begangnen Rechtsverletzungen den Verletzten Ersatz zu leisten verpflichtet sei.«[2] Es wurde zuerst von *Sundheim* darauf hingedeutet, dass die Schadensersatzpflicht des Staats für die rechtswidrigen Handlungen, welche seine Beamten bei Ausübung der Staatshoheitsrechte begehen, nicht allein auf die Grundsätze des Privatrechts gegründet und nach diesen beurtheilt werden könne. Auch er zieht zwar noch Analogien des Privatrechts heran, aber er legt doch vor allem darauf Nachdruck, »dass der Staat dadurch, dass er die Beamten zu den Unterthanen in ein Verhältniss gesetzt hat, seinen Dienst zu Unrecht und Gewalt wider die letztern gebrauchen zu können, dass der Staat aus dieser seiner Handlung der Uebertragung solcher Macht für das Unrecht und die Verletzung verantwortlich sei, welche seinen Unterthanen durch seine Beamten, als Repräsentanten von ihm, zugefügt werden.«[3]

(Zeitschrift für Staatswissenschaft 19, 647) und die Gutachten und Verhandlungen des Juristentags (VI. Juristentag III, 65; VIII. Juristentag I, 404) behauptet wird, in Oestreich habe schon ein Patent vom 1. September 1781 den Anspruch der Unterthanen auf Entschädigung wegen der ihnen von den Beamten zugefügten Rechtsverletzungen aus staatsrechtlichen Gründen anerkannt. Das Patent (unter andern bei *Reuss,* Teutsche Reichskanzlei 1784, Bd. VI, 4 u. ff. abgedruckt) bezieht sich nicht auf die Staatsbeamten, sondern auf das Verhaltniss der Bauern zu den Grundherren, denen im Falle von rechtswidrigen Bedrückungen der Bauern Strafe angedroht wird. § 2, § 12.

[1] *Von der Becke,* Von Staatsämtern und Staatsdienern 1797 S. 177; *Heffter,* Beiträge zum Deutschen Staats- und Fürstenrecht 1829 S. 162 u. f.; *Perthes,* Der Staatsdienst in Preussen 1838 S. 137 u. f.; *Mittermaier,* im Archiv für civil. Praxis (1821) IV, 321.

[2] Erkenntnisse vom 25. März 1820, 7. März 1823, 7. April 1824 bei *Pfeiffer* a. a. O. S. 377—384.

[3] Praktische Rechtsfragen (1827) I, Ueber Schadensstiftung durch Staatsbeamte und Haftverbindlichkeit des Staats dafür S. 4 u. ff.

Näher ausgeführt und begründet wurde dieser Gedanke von *Pfeiffer* in seinen Practischen Ausführungen aus allen Theilen der Rechtswissenschaft.[1] Seine Ansichten lassen sich in folgende Sätze zusammenfassen:

1) Es ist zu unterscheiden zwischen den Verletzungen des Privatrechtszustands der einzelnen Staatsbürger, welche durch die Handlungen der Staatsgewalt selbst, und denen welche durch die Staatsbeamten ihnen zugefügt werden.[2]

2) Das Verhältniss der Beamten zu dem Staat ist ein staatsrechtliches, kein privatrechtliches. Die Idee eines Mandatscontracts, den die Staatsgewalt mit ihnen eingegangen hätte und nach welchem ihre rechtlichen Verhältnisse zu dieser wie zu den Staatsbürgern, welche sich durch ihre amtlichen Handlungen verletzt glauben, zu beurtheilen wären, muss gänzlich aufgegeben werden.

3) Für die rechtswidrigen Handlungen der Anwälte, Sachwalter, Notarien, Aerzte u. s. w. haftet der Staat nur, wenn ein demselben bei der Ernennung oder Bestätigung zur Last fallendes Verschulden — culpa in eligendo — nachgewiesen werden kann.

4) Der Staat haftet nicht wegen solcher Verletzungen, welche die Gerichte in Ausübung ihrer *richterlichen* Functionen im eigentlichen Sinne begangen haben. Durch die nothwendige Selbständigkeit und Unabhängigkeit des Richteramtes und weil der Verletzte sich hier in der Regel durch die zu Gebote stehenden Rechtsmittel selbst helfen könne, werde die Haftungspflicht ausgeschlossen.

Soweit dagegen die Gerichte andere Functionen ausüben, sei ein Entschädigungsanspruch gegen den Staat statthaft.

5) Was die Handlungen der Verwaltungsbeamten betrifft, so ist wiederum zu unterscheiden:

a. Ist die Verletzung in einem Vertragsverhältniss erfolgt, wozu die factische Veranlassung in einer freiwilligen Handlung des Verletzten bestand, so ist die Haftpflicht des Staats dann anzunehmen, wenn die verletzende Behörde zu der Eingehung desjenigen Rechtsgeschäfts, in welches der verletzte Staatsbürger mit ihr ge-

---

[1] II. 361—384 (1828); III. 380—386 (1831); VIII, 545—548 (1846).

[2] Ueber die erstern s. auch Prakt. Ausführungen I, 213; n. 16.

treten ist, oder überhaupt zur Eingehung von Rechtsgeschäften solcher Gattung unmittelbar von dem Staat ermächtigt war.

b. Entstand die Rechtsverletzung durch Anwendung desjenigen Zwangs, zu welchem die Verwaltungsbehörde durch die ihr anvertraute Theilnahme an der Ausübung der Staatsgewalt in den Stand gesetzt wurde, so müsse der Staat auch einstehen für die Ausübung dieser Gewalt, selbst wenn ihre rechtlichen Schranken durch instructionswidrige Handlungen oder sonstigen Missbrauch der anvertrauten Gewalt überschritten wurden. Der allein entscheidende Gesichtspunkt sei hier die eintretende Subjectionsverpflichtung der Staatsbürger als Unterthanen gegen den Staat und seine mit der Ausübung der Staatsgewalt beauftragten Behörden. Der Staat gestatte dem Einzelnen nicht und könne ihm nicht gestatten, selbst zu prüfen, ehe er Folge leiste, und den Gehorsam zu verweigern, wenn er die Handlung der Staatsbeamten für einen Missbrauch ihrer Amtsgewalt halte.

6) Es mache in Bezug auf die vorliegende Frage keinen Unterschied, ob der Beamte zu den höhern Staatsbeamten oder zu den Subalternbeamten gehöre.

Auf diesen für unsere Frage epochemachenden Abhandlungen *Pfeiffer's* stützt sich auch der mehrerwähnte Aufsatz von *Zachariae* in der Zeitschrift für Staatswissenschaft. *Zachariae* erwarb sich das Verdienst, die Ansichten *Pfeiffer's* schärfer gefasst und tiefer begründet, sowie einzelne offenbare Irrthümer *Pfeiffer's* beseitigt zu haben. Von denselben Prinzipien ausgehend, kommt er in folgenden Punkten zu abweichenden Resultaten:

1) Für die rechtswidrigen Handlungen der Anwälte, Advokaten, Aerzte u. s. w. haftet der Staat überhaupt nicht, auch nicht für etwaiges Verschulden bei Ernennung und Bestätigung, da er in Betreff der Rechtsverhältnisse derselben weder selbst Subject der Obligatio ist, noch als Garant derselben subsidiär einstehen muss.

2) Es ist nicht richtig in Betreff der Haftpflicht des Staats zwischen richterlichen und Verwaltungsbeamten einen Unterschied zu machen.[1]

[1] Gegen diese Unterscheidung hatten sich schon früher ausgesprochen *Häberlin* in den Kritischen Jahrbüchern für Rechtswissenschaft XIII, 496 u. f. und *Richelmann* im Magazin für Hannöverisches Recht II, 231.

3) Der Staat ist nur dann für rechtswidrige Handlungen seiner Beamten haftbar, wenn dieselben innerhalb ihrer amtlichen Sphäre gehandelt haben, oder diese ihre Handlungen doch den Charakter von Amtshandlungen tragen, mag bei ihnen auch Missbrauch der Amtsgewalt oder Ueberschreitung der Competenz stattgefunden haben.

4) Die von *Pfeiffer* gemachte Unterscheidung zwischen Vertragsverhältnissen des Staats und solchen, in denen die Zwangsgewalt zur Ausübung kommt, ist nicht scharf genug. Es müssen unterschieden werden

a. diejenigen Fälle, in welchen es sich um ihrer Natur nach privatrechtliche Geschäfte handelt, welche für den Staat von den dazu bevollmächtigten Beamten mit andern Personen eingegangen wurden;

b. diejenigen, wo es sich um Geltendmachung öffentlicher Machtbefugnisse gegen die der Amtsgewalt Unterworfenen handelt.

5) In Bezug auf die Frage, ob und inwieweit der Staat bei den von seinen Beamten für ihn eingegangenen Geschäften privatrechtlicher Natur durch seine Repräsentanten dem Contrahenten gegenüber verpflichtet werde, entscheiden die geltenden Grundsätze des gemeinen Civilrechts.

6) Wo es sich um Geltendmachung der obrigkeitlichen Zwangsgewalt handelt, ist der Staat nur subsidiär haftbar, wenn der Verletzte von dem schuldigen Beamten seine Befriedigung nicht erlangen kann. Die Haftungsverbindlichkeit des Staats beruht auf einer Garantieleistung, einer Bürgschaft, welche der Staat für das Verhalten der Beamten in ihrer amtlichen Sphäre übernimmt. Die hierauf begründete Haftpflicht des Staats für Schadenszufügung seiner Beamten ist eine streng rechtliche, auf staatsrechtlicher Basis ruhende Forderung, deren Anerkennung *Zachariae* auch in den Staaten verlangt, wo kein positives Gesetz die Haftpflicht des Staats ausspricht, weil sie aus der Natur der Sache entspringe.

Als sichere Ergebnisse der Arbeiten von *Pfeiffer* und *Zachariae* dürfen wir die Sätze bezeichnen:

1) Das Verhältniss des Beamten zu dem Staate ist nicht das

Verhältniss des Mandatars zu dem Mandanten; die privatrechtlichen Grundsätze finden darauf keine Anwendung. Das Verhältniss des Beamten zu dem Staate ist ein öffentlich rechtliches, das allein nach öffentlich rechtlichen Grundsätzen beurtheilt werden kann. Zwar hat *Zopfl* noch in der 1864 erschienenen 5. Auflage seines Gemeinen deutschen Staatsrechts (II. 803 u. ff.) daran festgehalten, dass die Haftungspflicht des Staats auf die Analogie der Haftung des Geschäftsherrn (praeponens) für die Handlungen des Institor zu gründen sei, auch soweit es sich um die Ausübung von öffentlichen Machtbefugnissen handele. Hierdurch allein sei ein positiv rechtlicher Boden gewonnen.[1] Indess dürfte es klar auf der Hand liegen, dass, da der Beamte, jedenfalls insoweit er öffentliche Machtbefugnisse auszuüben hat, nicht in dem Verhältniss des Institor zum Staate steht, auch eine analogische Ausdehnung der privatrechtlichen Sätze über das Institorenverhältniss auf das öffentlich rechtliche Verhältniss des Beamten in keiner Weise gerechtfertigt ist. Ob die Rechtssätze über das Institorenverhältniss zur Anwendung gelangen können, soweit es sich um die Führung von privatrechtlichen Geschäften des Fiscus durch Beamte handelt, ist eine Frage, die uns weiterhin noch beschäftigen wird.

2) Es muss unterschieden werden

a) zwischen der Haftbarkeit des Staats aus rechtswidrigen Handlungen und Unterlassungen, welche seine Beamten als Vertreter des Fiscus in rein privatrechtlichen Verhältnissen des Staats begehen und

b) der Haftbarkeit des Staats aus rechtswidrigen Handlungen und Unterlassungen, welche seine Beamte bei der Ausübung der ihnen anvertrauten öffentlichen Gewalt gegen die der Staatsgewalt Unterworfenen begehen.

Der Staat als Fiscus untersteht nach einem heute in Deutschland allgemein geltenden Rechtssatz der Herrschaft des Privatrechts. Ob er und inwieweit er in seiner Eigenschaft als Fiscus für seine Beamten haftbar ist, bestimmt sich nach den Grundsätzen des Pri-

---

[1] Aehnlich *Reyscher* in der Zeitschrift für deutsches Recht II (1839) S. 171.

vatrechts. Ob der Staat für seine Beamten haftet, die bei Ausübung der Staatshoheitsrechte in rechtswidriger Weise den Unterthanen eine Beschädigung zugefügt haben, bestimmt sich nach Grundsätzen des Staatsrechts.

Wir dürfen der Kürze wegen die erstere als Haftungsverbindlichkeit des Staats nach Privatrecht, die zweite als Haftungsverbindlichkeit nach öffentlichem Recht bezeichnen. Es wird unsere Aufgabe im Folgenden sein, nach diesem eben angegebenen Gesichtspunkte die Frage näher zu prüfen.

VI.

Haftung des Staats aus rechtswidrigen Handlungen seiner Beamten nach Privatrecht.

Das Beamtenverhältniss ist ein öffentlich rechtliches Verhältniss zwischen dem Staat und dem Beamten, dessen Inhalt darin besteht, dass der Beamte das ihm anvertraute Amt nach Massgabe der Gesetze und der gesetzmässigen Verordnungen und Verfügungen zu verwalten, und dass der Staat die durch Gesetz oder Vertrag bestimmten Rechte dem Beamten zu gewähren hat. Es kommt für uns hier nicht weiter in Betracht, weder ob das Verhältniss begründet wird durch Vertrag oder einseitigen Akt der Staatsgewalt — beides ist möglich — noch ob der Beamte berufsmässiger oder Ehrenbeamter ist. Die oben gegebene Begriffsbestimmung umfasst beide Kategorien von Beamten. Das Amt kann sowohl zum Inhalt haben die Ausübung öffentlicher Machtbefugnisse des Staats als die Führung privatrechtlicher Geschäfte des Staats. Meist umfasst *ein* Amt Functionen der einen wie der andern Art.[1] Soweit der Staat in Rechtsverhältnissen steht, die rein privatrechtlicher Natur sind oder soweit aus Rechtsverhältnissen, die an sich dem öffentlichen Recht angehören, Ansprüche und Verpflichtungen des Staats erwachsen, die nach besondern rechtlichen Bestimmungen privatrechtlich wirksam sind, steht der Staat oder, wie er in dieser Beziehung genannt wird, der Fiscus nach einem gemeinrechtlichen, aber auch von allen Particularrechten anerkannten Grundsatz im

[1] Vgl. *Zöpfl,* Deutsches Staatsrecht § 513, II, 778; *Laband,* Staatsrecht des deutschen Reichs I, 389 u. f.

allgemeinen unter den Normen des Privatrechts. Doch geniesst er eine Reihe von Privilegien, die indessen hier ausser Acht bleiben können. Der Staat als Fiscus ist eine juristische Person auf dem Gebiet des Privatrechts. Die Frage, ob und in wie weit der Staat in seinen privatrechtlichen Verhältnissen aus dem rechtswidrigen Verhalten seiner Beamten schadensersatzpflichtig wird, löst sich also zunächst auf in die allgemeinere Frage, ob und inwieweit juristische Personen auf dem Gebiete des Privatrechts aus dem rechtswidrigen Verhalten ihrer Vertreter schadensersatzpflichtig gemacht werden können.

Es darf gegenwärtig als allgemein anerkannt gelten, dass juristische Personen nicht delictsfähig sind, dass keine durch das Recht verbotne Handlung oder Unterlassung ihnen als Verschuldung angerechnet werden kann. Die Handlungsfähigkeit der juristischen Personen erstreckt sich nicht auf Delicte, weil das innere Moment der Verschuldung seiner Natur nach nur in einer physischen Person vorhanden sein kann. Seit zuerst am Anfang des 18. Jahrhunderts *Christian Thomasius* den Muth hatte, diesen von dem römischen Recht [1] nie bezweifelten Gedanken auszusprechen, [2] hat er sich langsam, aber stetig gegen die mittelalterliche Rechtsanschauung durchgekämpft und hat, durch die hohe Autorität *Savigny's* unterstützt, [3] in seiner einfachen Wahrheit einen fast unbestrittnen Sieg errungen. Da aber die Schadensersatzpflicht nicht allein aus einer Verschuldung entspringen kann, so ist damit noch nicht die Frage entschieden, ob und in wie weit einer juristischen Person eine Verpflichtung obliegt, dritten Personen den Vermögensschaden zu ersetzen, welcher ihnen durch die Verschuldung der Vertreter der juristischen Person zugefügt worden ist. Zunächst ergibt sich aus der Natur der Sache, dass die von dem Vertreter verursachte Vermögensbeschädigung

---

[1] L. 15 D. de dolo 4, 3; Nov. Major. tit. VII, § 11 (ed. *Haenel*, p. 320).

[2] *Thomasius*, Problema Jurid. I. An ex factis antecessorum illicitis teneatur collegium (Lipsiae 1725). Die Schrift ist mir nur aus der oben angeführten Dissertation von *Sintenis* bekannt. Häufig wird von Kriminalisten *J. Oldendorp* (de Jure et aequitate disputatio 1611) als der erste angegeben, der die Verbrechensunfähigkeit der juristischen Personen behauptet habe. Aber mit Unrecht; derselbe wiederholt nur die Ansichten und Argumente des *Bartolus* (tit. 14, p. 144 seq).

[3] *v. Savigny*, System § 94, 95, II, 310 u. ff.

eine Wirkung für die juristische Person überhaupt nur dann ausüben kann, wenn der Vertreter in seiner Eigenschaft als Vertreter gehandelt hat, d. h. wenn diejenige Handlung oder Unterlassung, bei deren Begehung er den Schaden zugefügt, im Bereiche seiner Vollmacht gelegen hat. Der Vertrag, den ein Beamter für sich als Privatperson abschliesst, oder der Vertrag, den ein Beamter für den Staat abzuschliessen sucht, während es gar nicht in seiner Zuständigkeit liegt, derartige Verträge für den Staat abzuschliessen, können an sich den Staat weder berechtigen noch verpflichten. Der erstere ist ein Vertrag zwischen zwei Privatpersonen, der zweite kommt überhaupt als wirksamer Vertrag nicht zu Stande. Nur der Beamte kann daraus zu einem Schadensersatz verpflichtet werden für den Nachtheil, der dem Dritten aus der Verschuldung des Beamten erwachsen ist. Der Staat ist dabei gar nicht betheiligt.

Die Haftung des Staats kann überhaupt nur dann in Frage kommen, wenn der Beamte *in Ausübung einer ihm übertragnen Amtsvollmacht* sich eines rechtswidrigen Verhaltens schuldig gemacht und dadurch dritten Personen einen Schaden zugefügt hat. So weit die Amtszuständigkeit reicht, äussern die von dem Beamten im Namen des Staats vorgenommnen Handlungen nicht für und gegen den Beamten, sondern für und gegen den Fiscus ihre rechtlichen Wirkungen. Die Beamten des Fiscus, wie die der juristischen Person überhaupt sind Stellvertreter derselben. Es ist allgemein anerkannt, sowohl von der Praxis wie von der Theorie des gemeinen Rechts als auch von den neueren Gesetzgebungen, dass durch die Handlungen der Stellvertreter unmittelbar diese Wirkungen für den Vertretnen hervorgebracht werden; dass an Stelle des römischen Rechts, welches nur ausnahmsweise eine direkte Stellvertretung zuliess, heute der allgemeine Rechtssatz gilt: aus den Handlungen des Stellvertreters wird der Vertretne berechtigt und verpflichtet ganz so, als ob er selbst gehandelt hätte.[1] Die Rechtssätze über Stellvertretung

---

[1] Allerdings zählt auch heute noch eine ältere Ansicht, die vor allem durch die gewichtige Autorität von *Thöl* (Handelsrecht § 70 I, 224 u. ff.) vertreten wird, Anhänger. Darnach liegt in dem Vertragsabschluss durch Stellvertreter der Abschluss von zwei Verträgen mit dem dritten Kontrahenten. »Der Vertreter hat kontrahirt, aber für den Vertretnen, und der Vertretne hat kontrahirt vermittelst des

finden durchweg Anwendung auf die Vertretung des Fiscus durch seine Beamten, soweit nicht durch positive Gesetze für einzelne Zweige der Vermögensverwaltung des Staats etwas anderes bestimmt ist. Obgleich nun die Lehre von der Stellvertretung in den letzten Jahrzehnten vielfach, vielleicht mehr als irgend eine andere Lehre des Privatrechts, bearbeitet und nach vielen Seiten hin geklärt und gefördert worden ist, so muss doch hier auf die Frage, in wie weit der Vertretne durch dolus und culpa des Stellvertreters, also der Fiscus durch dolus und culpa seiner Beamten zu Schadensersatz verpflichtet wird, etwas näher eingegangen werden. Als eines weitern Beweises nicht bedürftig darf der allgemein anerkannte Satz vorausgeschickt werden, dass der Fiscus zu einem Ersatz jedenfalls in so weit verpflichtet ist, als er durch das rechtswidrige Verhalten seiner Beamten einen Vermögensvortheil erworben hat. Die rechtswidrige Handlung oder Unterlassung des Vertreters, mag dieselbe bei dem Abschluss oder der Erfüllung von Rechtsgeschäften, bei Erwerb oder Ausübung von Rechten stattgefunden haben, soll nicht eine gerechtfertigte Bereicherung des Vertretnen herbeiführen. Der Letztere ist verpflichtet bis zum Belang der Bereicherung den durch das rechtswidrige Verhalten des Vertreters entstandnen Schaden zu ersetzen.

Nicht so allgemein anerkannt ist dagegen ein anderer Satz. Sowohl in der Theorie wie in der Praxis wird noch vielfach behauptet, dass die juristische Person, speciell der Fiscus, für die rechtswidrigen Handlungen ihrer Vertreter Schadensersatz zu leisten haben, wenn schuldhafter Weise untüchtige Vertreter bestellt worden seien oder wenn es an der erforderlichen Aufsicht gefehlt habe; wenn ihnen eine culpa in eligendo sive custodiendo zugeschrieben werden könne. Könne auch die Verschuldung nur von den betreffenden, bei der Anstellung der Vertreter oder der Beaufsichtigung derselben thätig gewesenen Personen ausgegangen sein, so

Vertreters.« Der präcise Vertragswille, durch welchen allein der Vertrag entstehen könne und entstehe, sei ursprünglich bei dem Stellvertreter und erst in Folge des fremden präcisen Vertragswillens entstehe in dem Vertretnen ein eigner präciser Vertragswille. Doch kann jedenfalls diese Theorie auf die Vertreter juristischer Personen keine Anwendung finden, da in den letztern niemals ein Vertragswille entstehen kann, sondern immer nur in ihren Organen.

müsse doch für die culpa in eligendo s. inspiciendo die juristische Person haftbar gemacht werden, wenn nicht die Anwendung der gemeinrechtlichen Grundsätze auf juristische Personen als die eigentlichen Geschäftsherren ganz illusorisch werden solle.[1] Aber es ist klar, dass hiermit die Frage nicht gelöst ist. Der angeführte Grund ist nicht stichhaltig, da ja die Haftung der Personen, denen eine Verschuldung in der Anstellung oder Beaufsichtigung zur Last fällt, nicht ausgeschlossen ist. Ob aber die juristische Person für die Verschuldung ihrer Organe und Beamten zu haften habe, das ist gerade die Frage, die zu beantworten ist. Dass dem Geschäftsherr als solchem die Schadensersatzpflicht obliegt, sagt das gemeine Recht auch nicht, sondern dass sie derjenige zu tragen habe, der sich einer Fahrlässigkeit schuldig gemacht hat. Die Fahrlässigkeit bei Bestellung und Beaufsichtigung der Vertreter und Gehilfen ist eine Ursache, welche den eingetretnen Schaden mit herbeigeführt hat, und in dieser Verursachung liegt gemeinrechtlich der Grund für die Haftung. Erklärt man die juristische Person haftbar wegen culpa in eligendo, so bedient man sich einer Fiction, die hier völlig unberechtigt ist, weil sie nichts erklärt und nichts beweist. Sie führt nur irre, weil sie den Schein erweckt, als sei damit eine Begründung gegeben, während sie doch die Lösung der Frage um keinen Schritt fördert.

Die Prüfung der Frage erfordert ein Eingehen in die verschiednen Rechtsverhältnisse, in welchen die juristische Person durch ihre Organe und Beamten vertreten wird.

1) *Vertretung bei dem Abschluss von Verträgen.* Verträge, welche ein Vertreter im Namen des Fiscus abschliesst, erzeugen ihre Wirkungen nur zwischen dem Fiscus und dem dritten Contrahenten, sofern der Vertreter den Vertrag innerhalb der Grenzen seiner amtlichen Zuständigkeit, seiner Vollmacht abgeschlossen hat. Eine consequente Durchführung dieses allgemein anerkannten Satzes würde zu der Folgerung führen, dass die Folgen des dolus oder der culpa, welche sich der Vertreter bei dem Vertragsabschluss oder bei der Gestaltung des Vertragsverhältnisses hat zu Schulden kommen lassen,

---

[1] *Zachariae,* Zeitschrift S. 622; *Seuffert,* Archiv V, 281 (Celle), XXXIV, 88 (Celle).

nicht der Vertretne, sondern der Vertreter zu tragen hätte. Da der Fiscus seinen Vertretern keine Vollmacht ertheilt zur Begehung von dolus oder culpa, so fällt jedes dolose oder culpose Verhalten der Vertreter ausserhalb der Grenzen ihrer Vollmacht. Die Haftung des Fiscus für dolus oder culpa seiner Vertreter in Vertragsverhältnissen steht ferner in Widerspruch mit der Lehre, dass die Schadensersatzpflicht einer Verschuldung entspringe, dass aber eine juristische Person eine Verschuldung nicht auf sich laden könne. Selbstredend ist auch hier jedenfalls der Fiscus in so weit zum Schadensersatz verpflichtet, als ihm aus dem dolus oder der culpa ein Vermögensvortheil erwachsen ist. Trotzdem aber hat nach einem von Theorie wie Praxis gleichmässig anerkannten Satz, wie der Vollmachtgeber überhaupt, so auch der Fiscus die rechtlichen Wirkungen des dolus und der culpa zu tragen, deren sich der Stellvertreter beim Vertragsabschluss schuldig machte.[1] Dieser Satz ist bisher verschieden — aber, wie wir glauben, in ungenügender Weise begründet worden. Nach der einen Ansicht[2] soll der Vertretne haften, weil der Vertragswille in der Person des Stellvertreters entstehe und von ihm erklärt werde. Sein Wille bringe dieselben rechtlichen Wirkungen hervor, als wäre er der Wille des Vertretnen. Daraus ergebe sich, dass der Wille und dessen Erklärung nach der Person des Stellvertreters zu beurtheilen seien und aus diesem Prinzip folge, dass der dolus des Stellvertreters beim Abschluss des Vertrags seine rechtliche Wirkungen gegen den Vertretnen ausübe. Diese Schlussfolgerung erscheint nicht als richtig, da die Willenserklärung des Vertreters an und für sich nur in so weit rechtliche Wirkungen für den Vertreter äussert, als der letztere innerhalb der Grenzen seiner Vollmacht seinen Willen erklärt hat. Ging seine Vollmacht nicht auf Verübung eines dolus bei dem Vertragsabschluss, so kann auch aus dem Satze, dass der Wille des Stellvertreters dieselben rechtlichen

---

[1] *Laband*, Zeitschrift für Handelsrecht X, 227; *Windscheid* § 73 I, 188; § 313 II, 212; *v. Vangerow* § 608 III, 319; *Puchta*, Pandecten § 275. — Entscheidung des Reichs-Oberhandelsgerichts vom 18. Juni 1872 (VIII, 204 u. ff.); *Seuffert*, Archiv XXVII, 126; XXXII, 227; XXXIV, 88. — In Bezug auf die jurist. Personen *v. Savigny* II, 313 § 95; *Keller*, Pandecten S. 69; *Stobbe*, Deutsches Privatrecht I, 347; *Seuffert*, Archiv XXI, 29; XXV, 119.

[2] *Laband*, *Windscheid* a. a. O.

Wirkungen hervorbringe als wäre er der Wille des Vertretnen, nicht geschlossen werden, dass die Wirkungen des dolus der Vertretne zu tragen habe. Nach einer andern Ansicht [1] sollen sich die Fragen der Redlichkeit und des wesentlichen Irrthums bei Ertheilung einer speciellen Vollmacht nach der Meinung des Vollmachtgebers richten; im Falle einer generellen Vollmacht nach der Auffassung des Bevollmächtigten, da der Vollmachtgeber zu dem, was der Bevollmächtigte feststellen werde, im Allgemeinen zugestimmt habe. Die letztere Annahme beruht aber auf einer willkührlichen Fiction. Es ist nicht zulässig dem Vollmachtgeber Zustimmung zu dem dolus des Vertreters, also selbst dolus zuzuschreiben und ihn dafür haften zu lassen, ohne dass im einzelnen Falle der Nachweis einer solchen Zustimmung geführt wäre. — Nach der Theorie *Savigny's* haftet die juristische Person für rechtswidriges Verhalten ihrer Vertreter bei Vertragsabschluss, weil dolus und culpa hier als eine von der Hauptobligation untrennbare Modification erscheinen, bei welcher die Gesinnung der juristischen Person gleichgiltig sei. [2] Indess dürfte auch dieser Grund

---

[1] *Dernburg,* Preuss. Privatrecht (2. Aufl.) § 113 I, 235. Vgl. auch *denselben* in der Heidelberger krit. Zeitschrift I, 19 u. ff. Uebrigens fasst *Dernburg* die Repräsentanten und Beamten der juristischen Person überhaupt nicht als Stellvertreter n dem von ihm (S. 234) entwickelten Sinne auf; er sagt vielmehr (§ 53, I, 104 u. f.): »Die Handlungen, welche Repräsentanten und Beamte der juristischen Person bei Verwaltung des Vermögens derselben innerhalb der Sphäre ihres Amtskreises vornehmen, sind so aufzufassen, als habe sie die juristische Person selbst vorgenommen, welche durch sie repräsentirt wird. Es folgt dies daraus, dass sie die nothwendigen Organe der Willensthätigkeit der juristischen Person sind . . . . Das hierin liegende Prinzip führt dazu, die juristische Person für haftbar zu erklären für die Verschuldung ihrer Vertreter in Contractsverhältnissen sowie auch ausserhalb derselben, wenn die Vertreter der Korporationen bei der Verwaltung des Vermögens derselben durch Handlungen oder Unterlassungen, z. B. durch Uebertretung von Polizeivorschriften etwas verfehlen. . . . Bei Handlungen der Beamten, welche bei der Verwaltung des Staatsvermögens vorgenommen werden, tritt schlechterdings Haftung des Staats ein.« Die Prüfung dieser Ansicht kann erst später erfolgen. Siehe weiter unten. An anderer Stelle sagt *Dernburg* freilich doch, juristische Personen würden in Folge ihrer Verfassung durch ihre Vorsteher und Beamten vertreten und nennt deren Recht zur Vertretung ein Surrogat der Vollmacht (I, 245).

[2] Aehnlich *Keller* a. a. O. »denn diese (dolus und culpa) bewirken natürlich eine Modification der Hauptobligation, welche auch der juristischen Person durch ihre Stellvertreter nicht besser erworben werden kann, als der Stellvertreter beim Erwerb sie gemacht und gestaltet hat, wobei wieder die Gesinnung der juristischen Person völlig gleichgiltig ist.«

nicht zutreffend sein. Es kann als richtig zugegeben werden, dass dolus oder culpa eine von der Hauptobligation untrennbare Modification bewirken. Aber wenn der Vertreter gegen seine Vollmacht durch sein schuldhaftes Verhalten den Inhalt der beabsichtigten Obligation in dieser Weise gestaltet hat, so würde aus dem angegebnen Grund noch nicht folgen, dass die juristische Person die Wirkungen dieser so gestalteten Willenserklärung übernehmen muss. Nur wenn der Vollmachtgeber nachträglich in die so gestaltete Obligation eintritt, kann er sie nicht besser erwerben, als der Stellvertreter sie gestaltet hat. Es muss aber dem Vollmachtgeber überlassen sein, einen mit Ueberschreitung der Vollmacht abgeschlossnen Vertrag anzunehmen oder abzulehnen. Im letztern Fall ist der vom Stellvertreter abgeschlossne Vertrag als solcher unwirksam. Der dritte Contrahent hat nur eine Schadensersatzklage gegen den Stellvertreter.[1]

Endlich ist es auch offenbar nicht ausreichend zu sagen, die Folgen der Handlungen des Vertreters gingen nothwendig auf die juristische Person über, weil hier die Vertretung nicht eine freiwillige, sondern eine nothwendige sei.[2] Es lässt sich nicht einsehen, wesshalb eine nothwendige Vertretung in höherem Masse für den Vertretnen wirken soll, als eine freiwillige, wesshalb dolus und culpa des *nothwendigen* Vertreters auf den Vertretnen zurückwirken sollen, wenn dolus und culpa des Vertreters bei *freiwilliger* Vertretung dies nicht thun würden. Uebrigens wird auch letzteres von keiner Seite behauptet. Denn trotz der Unzulänglichkeit der dafür angeführten Gründe muss doch daran festgehalten werden, dass die juristische Person, wie überhaupt jeder Vertretne, für dolus oder culpa, deren sich der Vertreter bei Abschluss des Vertrags schuldig

---

[1] *Thöl*, Handelsrecht I, 291 § 86 nimmt eine Verpflichtung des Vollmachtgebers nur dann an, wenn der Dritte den Vertrag fur vollmachtsgemass halten durfte. Dann liege hinsichtlich des Dritten eine casuelle Unkenntniss vor, einen solchen Casus trage der Vollmachtgeber. Das Verschulden (dolus, culpa) des Stellvertreters als solches komme gar nicht in Betracht. Warum ein solcher Casus aber von dem Vollmachtgeber zu tragen sei, bleibt völlig unerklärt. — Die Sätze des römischen Rechts, die sich auf das Institorenverhältniss beziehen, dürfen nicht auf das Stellvertreterverhältniss übertragen werden, wie dies — im Anschluss an *Thöl* — von *Curtius* geschieht. Archiv für civil. Praxis Bd. 58, 95.

[2] So *Förster,* Preuss. Privatrecht § 90, I, 536.

macht, zu haften hat. War der Vertreter nur bevollmächtigt zum Abschluss eines derartigen Vertrags überhaupt, so erzeugt der Vertrag in der Gestalt, die er durch die Willenserklärung des Vertreters erhalten hat, seine rechtlichen Wirkungen für und gegen den Vertretnen. Die allgemeine Rechtsüberzeugung, die übereinstimmenden Zeugnisse der Literatur, die gleichmässige Praxis liefern genügenden Beweis, dass ein dahin gehender Rechtssatz existirt.[1] Aber dieser Rechtssatz ergibt sich nicht als juristische Consequenz aus dem Begriff der Stellvertretung oder aus dem Begriff der juristischen Person. Er beruht vielmehr, wie die Zulässigkeit der Stellvertretung beim Abschluss von Verträgen überhaupt, auf Gewohnheitsrecht und ist hervorgegangen aus der Forderung der Gerechtigkeit, dass derjenige, der sich zum Abschluss von Verträgen eines Stellvertreters bedient, weil er will oder weil er muss, auch die Gefahr zu tragen hat, welche für den dritten Contrahenten daraus erwachsen kann, dass nicht der aus dem Vertrag Berechtigte und Verpflichtete den Vertragswillen erklärt, sondern dass seine Willenserklärung durch die Willenserklärung eines Stellvertreters ersetzt wird.

Die Gründe, welche oben (S. 17 u. f.) dafür angeführt wurden, dass der Vollmachtgeber zu haften hat für dolus oder culpa, deren der Vertreter beim Abschluss von Verträgen sich schuldig gemacht hat, gelten in verstärktem Masse, wenn eine juristische Person die Vertretne ist. Die Personen, welche mit einer juristischen Person in Vertragsverhältnisse treten, müssen zwar wissen, dass die juristische Person als solche weder dolos noch culpos handeln kann, dass die Vollmacht ihrer Vertreter niemals darauf gerichtet sein kann, eine Rechtswidrigkeit zu begehen. Sie wissen sehr wohl, dass nur den physischen Personen, welche Organe oder Beamte der juristischen Person sind, eine Handlung oder Unterlassung als Verschuldung angerechnet werden kann. Aber in der juristischen Person ist durch das Recht ein Vermögen und damit eine Vermögensmacht geschaffen, die für bestimmte Zwecke in den Vermögensverkehr eingreifen. Die

---

[1] *Seuffert,* Archiv XXXIV, 88 (A. G. zu Celle vom 15. Nov. 1878): »dass die von Repräsentanten einer juristischen Person begangene culpa, unter deren Einfluss eine contractliche Obligation der juristischen Person zu Stande gekommen oder modificirt ist, in ihrer Wirkung der juristischen Person als eigne culpa anzurechnen ist, hat kaum schon Widerspruch gefunden.«

Organe und Beamte der juristischen Person gebrauchen diese Vermögensmacht. Es stehen ihnen dadurch im Vermögensverkehr Machtmittel zu Gebote, die in keinem bestimmten Verhältniss stehen zu ihrem persönlichen Vermögen, mit welchem sie haften für die durch ihre Verschuldung herbeigeführten Beschädigungen des Vermögens dritter Personen. Dadurch, dass sie als Vertreter der juristischen Person über deren Machtmittel verfügen können, ist in demselben Masse, wie ihre Macht gestiegen ist auf den Vermögensverkehr einzuwirken, auch die Möglichkeit gestiegen, dass sie, auf diese Machtmittel gestützt, durch rechtswidriges Verhalten andern Personen Schaden zufügen. Freilich ist die ihnen als Vertreter der juristischen Person zustehende Macht keine unbeschränkte, sie können sie nicht, wie der Privatmann sein Privatvermögen, zu beliebigen Zwecken verwerthen, sondern nur zu den Zwecken der juristischen Person nach Massgabe der bestehenden Gesetze, Statuten, Beschlüsse u. s. w. Verwendet ein Vertreter einer juristischen Person die Mittel derselben zu ganz anderen Zwecken, so handelt er überhaupt nicht als Vertreter derselben. Fügt er dritten Personen in rechtswidriger Weise Vermögensschaden zu, indem er z. B. mit den Mitteln der Korporation eigne Handelsgeschäfte treibt, so kann dafür die Korporation nicht haftbar sein, da er in einer derartigen Verwerthung des Korporationsvermögens sich einer Rechtswidrigkeit gegen die Korporation selbst schuldig macht.

Begeht dagegen der Vertreter einer juristischen Person dolus oder culpa bei Abschluss von Verträgen, zu deren Contrahirung er überhaupt bevollmächtigt ist, so liegt die Sache anders. Der dritte Contrahent hat zu prüfen, ob der Vertreter bevollmächtigt ist und inwieweit seine Vollmacht reicht, aber er kann nicht prüfen, ob derselbe innerhalb seiner Vollmacht eines dolus sich schuldig macht, er kann dessen culpa nicht verhindern. Desshalb muss die juristische Person, für die solche Verträge abgeschlossen werden und deren Vermögenslage für den dritten Contrahenten massgebend war, um den Vertrag überhaupt abzuschliessen, für dolus und culpa haften. Das Recht ermöglicht die Existenz und das Leben der juristischen Person dadurch, dass es aus den Handlungen ihrer Stellvertreter rechtliche Wirkungen für und gegen die juristische Person entstehen lässt. Das Recht erfüllt desshalb auch nur eine Forderung der

Gerechtigkeit, wenn es das Vermögen der juristischen Person haften lässt für die Gefahren, die aus der eigenthümlichen rechtlichen Natur der juristischen Personen für dritte Personen entstehen, die mit ihnen in Vermögensverkehr treten.

2) Die juristische Person, die überhaupt nur durch Vertreter handeln kann, muss nicht nur durch Vertreter ihre Verträge abschliessen, sie kann auch nur durch Vertreter *die durch Vertrag übernommenen Verpflichtungen erfüllen.* Begeht der Vertreter in Ausführung der von der juristischen Person übernommenen Leistung eine dolose oder culpose Handlung und fügt er durch diese Handlung, die, soweit sie nicht dolos oder culpos ist, im Bereich seiner Vollmacht liegt, dem anderen Contrahenten einen Schaden zu, so entsteht die Frage, ob die juristische Person für den dadurch verschuldeten Schaden einzustehen habe. Hat eine physische Person die Erfüllung einer ihr obliegenden vertragsmässigen Leistung einem von ihr selbst gewählten Dritten aufgetragen, so haftet nach der herrschenden Ansicht im gemeinen Recht der Contrahent für das Verschulden des Gehilfen in der Regel nur soweit, als er es bei der Auswahl seiner Gehilfen an der dabei erforderlichen Sorgfalt oder an der nöthigen Aufsicht hat fehlen lassen, wenn er nach Inhalt des Vertrags nicht verpflichtet gewesen wäre, die Leistung persönlich zu vollziehen. Allerdings hat schon das römische Recht, wie in noch grösserem Umfange die moderne Gesetzgebung für einzelne bestimmte Verhältnisse eine weitergehende Haftung des Schuldners für die durch rechtswidriges Verhalten der Gehilfen herbeigeführten Verletzungen seiner Vertragsverbindlichkeiten eingeführt. Nach allgemeinen Grundsätzen soll aber sowohl für das römische wie für das gemeine Recht die Regel gelten, dass der Schuldner nur dann hafte, wenn ihn eine eigne Verschuldung treffe. In neurer Zeit hat man zwar versucht nachzuweisen, dass nach römischem Recht eine unbedingte Haftpflicht des Schuldners für seine Gehilfen bestehe. Man hat sich theils darauf berufen, dass es beim Abschluss des Vertrags unzweifelhaft die Absicht des Gläubigers sei, nur mit dem ihm bekannten Schuldner, nicht mit dem ihm gänzlich fremden Gehilfen zu thun zu haben, und dass es unter allen Umständen für den Schuldner leichter sei, sich an den Gehilfen zu halten, als für den Gläubiger. Theils hat man angeführt, dass bei allen entgeltlichen

Verträgen der Schuldner auch ohne ausdrückliche Vereinbarung stillschweigend eine Garantie übernehme für die durch seine Gehilfen in negotio zu verübende Schadenszufügung. In der Gegenleistung des Gläubigers sei implicite das Aequivalent für diese Garantieübernahme enthalten.[1] Indessen bedarf es nach der gründlichen Widerlegung dieser Ansicht durch *Goldschmidt*[2] eines nähern Eingehens auf dieselbe nicht mehr. Es darf als erwiesen angenommen werden, dass nach gemeinem Recht der Prinzipal für den durch seine *Gehilfen* bei Ausführung einer vertragsmässigen Leistung zugefügten Schaden nur haftet

1) in Folge einer unstatthaften Uebertragung der Ausführung an Gehilfen,

2) in Folge eines eigenen Verschuldens, einer culpa in eligendo sive custodiendo,

3) in Folge einer vertragsmässigen Uebernahme einer Garantie für den Schaden und endlich

4) in Folge einer dem Prinzipal durch Rechtssatz auferlegten Garantieübernahme bei einzelnen Rechtsverhältnissen.[3]

Liegt einer dieser vier Haftungsgründe nicht vor, so haftet der Schuldner nur für eignes Verschulden.

Lassen wir zunächst die Fälle der letzten Kategorie, in welchen durch positiven Rechtssatz dem Schuldner eine Haftung für die Gehilfen auferlegt worden ist, bei Seite, so ist es einleuchtend, dass bei einer consequenten Uebertragung der eben für die physischen

---

[1] *Ubbelohde* im Archiv für praktische Rechtswissenschaft VII, 229 u. ff. und in der Zeitschrift für Handelsrecht VII, 199 u. ff.

[2] *Goldschmidt* in der Zeitschrift für Handelsrecht XVI, 287 u. ff., insbesondere S. 337 u. ff., 343 u. ff. Siehe auch *P. Körner* in der Zeitschrift für Rechtspflege und Verwaltung für das Königr. Sachsen N. F. XLIII, 323 u. ff.

[3] Ueber derartige specielle Rechtssätze, welche eine Schadensersatzverbindlichkeit statuiren, die nicht auf Verschuldung beruht, wird später noch zu sprechen sein. Ueber das römische Recht und die Haftpflicht des dominus aus den Handlungen des institor u. s. w. siehe oben S. 22 u. f. Dass die römisch-rechtlichen Grundsätze aber heute nicht mehr anwendbar sind, dürfte m. E. kaum noch zweifelhaft sein. *Savigny*, Obligationenrecht II, 52 u. ff.; *Laband*, Zeitschrift für Handelsrecht X, 238 u. f.; *Goldschmidt* ebenda XVI, 368 u. f.; *Wyss*, a. a. O. S. 116 u. ff.; *Zimmermann*, Stellvertretende neg. gest. S. 122; *Körner* a. a. O. S. 337 u. ff. Im Wesentlichen, d. h. für den Fall, dass der Vertreter im Namen des Vertretnen den Vertrag abgeschlossen hat, ist dieser Ansicht auch *Windscheid* § 482. II, 809.

Personen aufgestellten Sätze auf die juristische Person eine Haftung der letztern für die von ihren Vertretern und Gehilfen bei Ausführung von Verträgen zugefügten Beschädigungen nur dann anzunehmen wäre, wenn die juristische Person eine solche Garantie vertragsmässig übernommen hätte. Denn sie kann niemals verpflichtet sein, die von ihr übernommenen Leistungen selbst auszuführen, da dies ihrem Wesen widerspricht. Sie bedarf immer der Vertreter und Gehilfen. Ebenso kann ihr niemals eine Verschuldung, eine culpa in eligendo sive custodiendo zur Last fallen, da sie weder eine Auswahl treffen noch eine Aufsicht führen kann. Eine Nachlässigkeit in der Auswahl oder in der Aufsicht trifft immer nur die physischen Personen, die die juristische Person zu vertreten haben. Völlig unberechtigt würde die Annahme sein, in allen Verträgen übernehme die juristische Person eine stillschweigende Garantie für ihre Vertreter und die von diesen bestellten Gehilfen. Eine solche Annahme wäre eine leere Fiction, die sich weder auf die Thatsachen noch auf irgend einen Rechtssatz stützen könnte. In vielen Fällen *kann* eine solche Garantie stillschweigend übernommen sein; aber in jedem einzelnen Fall müssen genügende Anhaltspunkte vorliegen, um nachzuweisen, dass der Wille der Parteien darauf gerichtet war. Wo solche Anhaltspunkte nicht vorhanden sind, darf auch nicht eine stillschweigende Garantieübernahme Seitens der juristischen Person, so wenig wie Seitens einer physischen Person, vorausgesetzt werden. Eine andere Ansicht geht dahin, dass die Handlungen, welche Repräsentanten und Beamte der juristischen Person bei Verwaltung des Vermögens innerhalb der Sphäre ihres Amtskreises vornehmen, so aufzufassen seien, als habe sie die juristische Person selbst vorgenommen, welche durch sie repräsentirt wird.[1] Auch hier haben wir es mit einer unberechtigten Fiction zu thun. Die Handlungen der Repräsentanten und Beamten der juristischen Person sind nicht Handlungen der juristischen Person und sind auch nicht als solche aufzufassen, sondern sie erzeugen nur rechtliche Wirkungen für und gegen die juristische Person, vorausgesetzt dass und in so weit als sie der Vollmacht der

---

[1] *Dernburg*, Preuss. Privatrecht § 53, I, 104. S. oben S. 59.

Handelenden entsprechen. Daraus, dass die Repräsentanten und Beamten die nothwendigen Organe der Willensthätigkeit der juristischen Person sind, folgt jene Fiction keineswegs. Es ist desshalb auch unrichtig, daraus die Folgerung zu ziehen, dass die juristische Person für die Verschuldung ihrer Vertreter in Contractsverhältnissen haftbar sei. Die Verschuldung liegt niemals innerhalb ihrer Vollmacht. Die Verschuldung findet immer statt unter Ueberschreitung der Vollmacht oder unter Nichtbeachtung derselben. Die Unrichtigkeit der Fiction ergibt sich auch aus folgender Erwägung. Haftet die juristische Person für die Verschuldung ihrer Vertreter und erleidet sie in Folge der Geltendmachung dieser ihrer Haftbarkeit Vermögensnachtheile, so hat sie doch einen Schadensersatzanspruch gegen ihre Vertreter, welchen die Verschuldung zur Last fällt. Wollte man aber sagen, die Handlungen der Vertreter seien nach aussen so aufzufassen, als seien sie die Handlungen der juristischen Person, nicht aber nach innen in dem Verhältniss des Vertreters zu der juristischen Person, so würde hierfür jeder Beweis fehlen. Man würde nur eine willkürliche Annahme durch eine andere zu stützen suchen. Es zeigt sich also, dass die Handlungen der Vertreter nicht so aufzufassen sind, als habe sie die juristische Person selbst vorgenommen. Sie üben nur Dritten gegenüber dieselben Wirkungen aus, wie die Handlungen der vertretnen Person, vorausgesetzt, dass der Vertreter seine Vollmacht nicht überschritten oder ausser Acht gelassen hat.[1] Die Frage dreht sich aber gerade darum, inwieweit dolose und culpose Handlungen oder Unterlassungen, die der Vertreter mit Ueberschreitung oder Ausserachtlassung seiner Vollmacht verübt hat, die rechtliche Wirkung der Haftbarkeit auf die vertretne juristische Person ausüben. Es dürfte damit erwiesen sein, dass wir auf dem Wege der Fiction zu einer Lösung der Frage nicht gelangen, wie denn überhaupt eine Fiction nur der prägnante Ausdruck für die gefundene

---

[1] Das gilt auch für die Fälle, in welchen die Vollmacht der Vertreter ihrem Umfang nach gesetzlich bestimmt ist und der Umfang mit rechtlicher Wirkung Dritten gegenüber nicht beschränkt werden kann. Auch für diese Fälle (Procurist, Handelsgesetzbuch Art. 42, 43; Vorstand einer Aktiengesellschaft, Art. 227, 231) ist die Fiction, die Handlungen der Bevollmächtigten seien so aufzufassen, als habe sie die vertretne Person selbst vorgenommen, unnöthig und irreführend, und desshalb unrichtig.

Lösung einer Frage sein kann, niemals aber selbst eine Frage zu beantworten vermag.

Die Zuziehung dritter Personen zur Erfüllung von vertragsmässigen Verbindlichkeiten durch den Schuldner kann juristisch einen verschiednen Charakter haben. Der Schuldner kann sich bei Ausführung der ihm obliegenden Leistung einer oder mehrerer Gehilfen bedienen, durch deren Thätigkeit die Leistung überhaupt erst ermöglicht oder dem Schuldner erleichtert wird. Aber trotzdem kann der Schuldner es persönlich sein, welcher an den Gläubiger leistet, d. h. er ist es, der den auf die Leistung gerichteten Willen erzeugt und bethätigt. Ob er bei der Anfertigung des etwa zu leistenden Werkes sich mit eigner Arbeit betheiligt hat oder ob die ganze Arbeit durch Gehilfe verrichtet worden ist, bleibt hierbei gleichgiltig. Wesentlich ist nur, dass sein *Wille* den Akt hervorbringt, der juristisch als Erfüllung seiner vertragsmässigen Verbindlichkeit zu betrachten ist. Die Erfüllung ist die persönliche Handlung des Schuldners. Nur auf diesen Fall, dass der Schuldner zwar der Gehilfen sich bedient, aber persönlich erfüllt, beziehen sich die oben (S. 64) angegebenen Grundsätze über die Haftung des Schuldners für seine Gehilfen. Hiervon juristisch wohl zu unterscheiden ist der Fall, dass der Schuldner persönlich überhaupt nicht leistet, sondern dass er durch einen Stellvertreter leisten lässt. Auch hier ist es juristisch irrelevant (sofern nicht aus dem Vertragswillen der Parteien sich etwas anderes ergibt), ob der Schuldner zur Herstellung des zu leistenden Werkes oder zur Ermöglichung der Leistung eigne Arbeit aufgewandt hat oder nicht. Das Wesentliche ist auch hier der Wille, der den Akt hervorbringt, in welchem sich die Leistung der Verbindlichkeit vollzieht. Die bisherigen Darstellungen leiden an dem Mangel, diese beiden Fälle nicht gehörig geschieden zu haben. [1] Dieselben innern Gründe, welche dafür sprechen, dass der Vertretne für den von seinem Stellvertreter durch doloses wie culposes Verhalten beim

---

[1] S. *Goldschmidt*, Zeitschrift für Handelsrecht Bd. XVI, 288 u. f.: »Gehilfen oder Substituten nenne ich denjenigen, dessen sich der Schuldner in Ausübung seines Verbindlichkeit erzeugenden Rechts oder in Erfüllung seiner Verbindlichkeit bedient, gleichviel ob *statt seiner* oder *neben sich*. (Substitut im engern Sinne — Gehilfe im engern Sinn.) Die Zuziehung von Gehilfen kann eher statthaft sein als

Vertragsabschluss herbeigeführten Schaden einzustehen hat, müssen das Recht veranlassen, den Vertretnen haften zu lassen für dolus oder culpa, deren sich der Stellvertreter bei *Erfüllung des Vertrags* gegen den andern Contrahenten schuldig macht.

Der Contrahent, der mit dem Stellvertreter einer physischen oder juristischen Person einen Vertrag abschliesst, will nicht mit dem Stellvertreter, sondern mit der vertretnen Person in ein Vertragsverhältniss treten. Das Vermögen sowie die voraussichtliche Fähigkeit der vertretnen Person den Vertrag zu erfüllen sind es, welche für ihn in der Berechnung der Gefahr, die aus dem Vertrag ihm erwachsen kann, massgebend sein müssen. Stattet der Schuldner einen Stellvertreter mit seinen Machtmitteln aus, um statt seiner die ihm obliegende vertragsmässige Verpflichtung zu erfüllen, so bedient er sich eines ihm vom Recht gewährten Vortheils und hat desshalb auch mit seinem Vermögen einzustehen für die Gefahr, die dem andern Contrahenten daraus erwächst, dass ein Dritter, der Stellvertreter, die ihm anvertrauten Machtmittel zur Erfüllung des Vertrags gebraucht. Ganz anders verhält es sich mit den Gehilfen. Bedient sich der Schuldner zur Erfüllung seiner Verpflichtung der Gehilfen, so ist es immerhin er persönlich, der den Rechtsakt der Erfüllung vornimmt und der mit seinem Vermögen für sein doloses oder culposes Verhalten haftet. War er überhaupt nach Massgabe des Inhalts des Vertrags befugt, Gehilfen zuzuziehen und hat er bei Auswahl und Beaufsichtigung derselben die erforderliche Sorgfalt angewandt, so erscheint ein Verschulden der Gehilfen, welches die Leistung ihm gänzlich oder theilweise unmöglich macht, als casus, für den er einen Schadensersatz zu leisten in der Regel nicht verpflichtet ist. Freilich wird es in manchen Fällen gerechtfertigt erscheinen, den Schuldner, auch wenn ihn keine Schuld trifft, doch für dolus oder culpa der Gehilfen, die er zur Ausführung der Leistung herangezogen hat, haften zu lassen. Das römische wie das neuere

---

die Substitution im engern Sinne — soweit aber beide statthaft sind, kann das Mass der Verantwortlichkeit *principiell* nur das gleiche sein.« Ebenso *Körner*, a. a. O. S. 290 u. f. Die Schrift von *Burchardi*, Ueber die Verantwortlichkeit des Schuldners für seine Gehilfen bei Erfüllung von Obligationen, Kiel 1861, war mir nicht zugänglich.

Recht haben eine solche Haftung für eine Reihe von Fällen statuirt. Aber eine allgemeine Haftung für das Verschulden der Gehilfen kennt das gemeine Recht nicht. Dagegen muss es als ein Satz des Gewohnheitsrechts angenommen werden, dass der Vertretne, wie er für dolus oder culpa haftet, die der Stellvertreter beim Abschluss eines Vertrags begeht, so auch haftet für schuldhaftes Verhalten desselben bei Erfüllung von Verträgen. Auf dem Gebiete des Handelsrechts wenigstens erkennen Theorie und Praxis diesen Satz übereinstimmend an. Das deutsche Handelsgesetzbuch hat es vermieden, ausdrücklich die Frage zu entscheiden, inwieweit der Prinzipal aus unerlaubten Handlungen seiner Bevollmächtigten haftet. Art. 52 bestimmt nur: »Durch das Rechtsgeschäft, welches ein Procurist oder ein Handlungsbevollmächtigter gemäss der Procura oder der Vollmacht im Namen des Prinzipals schliesst, wird der letztere dem Dritten gegenüber berechtigt und verpflichtet.« Aus der Entstehungsgeschichte aber geht hervor, dass die Nürnberger Conferenz darüber einverstanden war, dass der Prinzipal für den Schaden einzustehen habe, welcher durch schuldhaftes Verhalten seines Bevollmächtigten bei Eingehung oder Erfüllung von Verträgen dem andern Contrahenten zugefügt worden sei. Zwar wurde die weitergehende Bestimmung des preussischen Entwurfs, wonach der Prinzipal haften sollte für allen Schaden, den ein Bevollmächtigter durch unerlaubte Handlungen in Ausführung eines Geschäfts, auf welches sich sein Auftrag erstreckt, einem Dritten (also nicht dem andern Contrahenten) zufüge (Preuss. Entwurf Art. 42), verworfen. Aber die Conferenz wollte damit keineswegs die Haftbarkeit des Prinzipals für den dem andern Contrahenten bei Eingehung oder Erfüllung des Vertrags zugefügten Schaden verneinen. Im Gegentheil nahm sie eine solche Haftbarkeit als selbstverständlich an und glaubte, dass sie sich als nothwendige Consequenz aus Art. 52 ergebe. Bei Berathung des Art. 42 des Preuss. Entwurfs ward derselbe von dem Referenten dahin erläutert: dass derselbe, *während alle Ansprüche aus Beschädigungen des Procura-Inhabers, die er dem andern Contrahenten bei Eingehung oder Erfüllung eines Vertrages zufüge, durch den Art. 41 (den jetzigen Art. 52) geregelt seien,* nur diejenigen Beschädigungen im Auge habe, welche *einem Dritten* in Ausführung eines Geschäfts durch den Procuraträger als solchen zugefügt werden, dass aber durch denselben nicht allein die absichtlichen, sondern auch die fahrlässigen Beschädigungen getroffen sein sollten.[1] Hiergegen wurde von keiner Seite Widerspruch erhoben. Auch bei der Berathung des Seerechts ging man von der als selbstverständlich betrachteten Voraussetzung aus, dass der Prinzipal für die Seitens des Procuristen oder Handlungsbevollmächtigten *dem Contrahenten* zugefügten Beschädigungen schlechthin einstehe.[2] Hiermit stimmt denn auch die Rechtsansicht des Reichsoberhandelsgerichts überein. In mehrfachen Erkenntnissen hat dasselbe ausgesprochen, dass der Prinzipal, insbesondere eine juristische Person, für das Verhalten der Vertreter in Contractsverhältnissen — sei es nun, dass es sich um Abschluss von Verträgen oder um Erfüllung derselben handele — wie für eigene Willensakte haftbar sei.[3] Ebenso wie der Gläubiger für Verschuldung seines Stellvertreters bei Entgegennahme der Leistung haftbar ist und die rechtlichen Folgen derselben zu tragen hat,[4] ebenso muss auch der Schuldner einstehen für Verschuldung seines Stellvertreters bei Erfüllung der Leistung. Die Geltung dieser Sätze wird auch in der Literatur als selbstverständlich betrachtet und ist bisher für das Handelsrecht nicht bestritten worden.[5]

---

[1] Protocolle S. 84 u. ff. Vgl. auch Motive zum Preussischen Entwurf S. 29. — *v. Hahn,* Commentar zum Allg. deutschen Handelsgesetzb. (3. Aufl. 1877) I, 225. Entscheidungen des Reichs-Oberhandelsgerichts, VI, 410 u. ff.

[2] Monita von Bremen und Hamburg. Protoc. S. 4518 u. f.

[3] Entscheidungen des R. O. H. G. VI, 411; VIII, 206; XVIII, 136.

[4] Entsch. des R. O. H. G. XV, 305; XIX, 408. — Vgl. auch V, 115 u. ff. VII, 371; IX, 372 u. ff., 387 u. ff.; XV, 41 u. f.

[5] Vgl. *Busch* in seinem Archiv für Theorie und Praxis des Handelsrechts I, 67; *Anschütz* und *v Völderndorff,* Commentar I. 311, 420 u. ff.; *Makower,* Das allg. deutsche Handelsgesetzbuch (5. Aufl. 1873) S. 82: »Wenn der Prinzipal gemass Art. 52 durch das Rechtsgeschäft seines Bevollmächtigten verpflichtet wird, so haftet er auch, wie sich von selbst versteht, für die Beschädigungen, welche sein Bevollmächtigter dem Dritten bei der Eingehung oder der Erfüllung des Vertrags zufügt.« Ebenso *Puchelt,* Commentar (2. Aufl. 1876) S. 107; *Kowalzig* (2. Aufl. 1879) S. 316: »Für Nachlässigkeit des mit der Erfüllung betrauten Handlungsbevollmächtigten und Gehilfen haftet ohne Weiteres der Prinzipal.« — *v. Hahn,* I. 217 erklart allerdings: »die Frage über die Haftung des Prinzipals aus unerlaubten Handlungen der Procuristen u. s. w. ist für das Gesetzbuch eine offene« — doch fügt er die Bemerkung hinzu: »soweit sie nicht durch Art. 52 entschieden ist.« Aus seinem Commentar zu Art. 52 (S. 206) geht aber hervor, dass auch er die Ansicht des R. O. H. G. für die richtige hält und an der Haftbarkeit des Prinzipals für Verschuldung, welche der Bevollmächtigte bei Eingehung oder Erfüllung von Verträgen dem andern Contrahenten gegenüber begeht, nicht zweifelt.

Darf es demnach als feststehend betrachtet werden, dass auf dem Gebiete des Handelsrechts der Vertretne zu haften hat für die Beschädigungen, welche der Stellvertreter bei Erfüllung von Verträgen dem andern Contrahenten zufügt, so liegt kein Grund vor, an der Geltung dieses Satzes für das gemeine Recht zu zweifeln. In Art. 52 hat das Handelsgesetzbuch nicht einen für die Stellvertretung in Handelsgeschäften eigenthümlichen Grundsatz aufgestellt, sondern »es sind dadurch schlechthin für Handelsgeschäfte die richtigen Grundsätze des heutigen gemeinen Rechts zur Geltung gelangt.«[1] Die Folgesätze, welche daraus die Praxis und die Wissenschaft entwickelt haben, sind also auch Folgesätze, welche sich aus dem gemeinen Recht ergeben. Die Zeugnisse, welche die Haftbarkeit des Vertretnen für die contractliche Verschuldung des Stellvertreters auf dem Gebiete des Handelsrechts erweisen, sind zugleich Zeugnisse für die Richtigkeit dieses Satzes nach gemeinem Recht.

Ist es keinem Zweifel unterworfen, dass der Vertretne für Verschuldung des Stellvertreters bei Eingehung von Verträgen haftet, so ist es nur folgerichtig, seine Haftbarkeit anzunehmen, auch wenn es sich um Beschädigungen handelt, die der Stellvertreter bei Erfüllung von Verträgen dem andern Contrahenten zufügt.

Wir gewinnen dadurch das wichtige Resultat, dass juristische Personen, insbesondere auch der Fiscus zu haften haben für die contractliche Verschuldung ihrer Organe und Beamten bei Eingehung und Erfüllung von Verträgen. Soweit dagegen die juristische Person zur Ausführung der übernommenen Leistung sich der Gehilfen bedient, kommen die oben erwähnten Grundsätze über Haftung des Schuldners für seine Gehilfen zur Anwendung. Soweit hieraus eine Haftbarkeit sich ergibt, hat die juristische Person die Haftpflicht zu tragen, weil sie für die Verschuldung ihrer Beamten bei Erfüllung von Verträgen einzustehen hat. Hat also der Vertreter der juristischen Person bei Auswahl oder Beaufsichtigung der Gehilfen eine culpa sich zu Schulden kommen lassen, so haftet hierfür dem andern Contrahenten gegenüber die juristische Person, die ihrerseits einen Schadensersatzanspruch gegen ihren Vertreter hat. Ebenso verhält es

---

[1] Entsch. des R. O. H. G. VI, 408.

sich, wenn der Vertreter unstatthafter Weise einen Ersatzmann bestellt oder Gehilfen zugezogen hat.[1] Auch in solchen Fällen liegt eine Verschuldung des Stellvertreters in Erfüllung der Leistung vor, für welche die vertretne juristische Person zu haften hat.

3) In den bisher besprochenen Fällen haftet der Fiscus, wie jede juristische Person für eine bei Eingehung oder Erfüllung von Verträgen verübte Verschuldung seiner Beamten, die ihn zu vertreten haben. Ihnen gegenüber stehen diejenigen Fälle, in welchen die Vertreter juristischer Personen in Ausübung ihrer Vertretungsbefugniss, aber *ausserhalb bestehender Contractsverhaltnisse* durch ihre Handlungen oder Unterlassungen dritten Personen einen Schaden zufügen. Jedoch sind auch hier die verschiedenen Kategorien von ausscrcontractlichen Schadenszufügungen schärfer zu unterscheiden, als dies bisher in Theorie und Praxis zu geschehen pflegte. Der Haftung für contractliche culpa der Vertreter und Gehilfen steht keineswegs blos die Haftung für aquilische culpa derselben gegenüber,[2] die Beschädigung anderer Personen kann auch dadurch herbeigeführt sein, dass auf den der juristischen Person zugehörigen Grundstücken durch *an sich nicht rechtswidrige Handlungen oder Unterlassungen Zustände herbeigeführt werden, welche auf die Nachbargrundstücke durch Vermittlung der Luft oder auch des Wassers schädlich einwirken.* Soweit der Eigenthümer des Nachbargrundstücks sich hiergegen mit der Negatorienklage und mit der Forderung auf cautio damni infecti schützen kann, wenn der Eigenthümer des betreffenden Grundstücks eine physische Person ist, insoweit kann er dies auch gegenüber einer juristischen Person, welche Eigenthümerin ist. Denn der daraus entspringende Schadensersatzanspruch, bez. der Anspruch auf Einstellung der den Schaden hervorbringenden Be-

---

[1] Versteht es sich auch bei einem Vertrag mit einer juristischen Person von selbst, dass sie nicht selbst den Vertrag erfüllen kann, sondern dass dies durch ihre Vertreter geschehen muss, so kann sie doch durch den Vertrag verpflichtet sein, durch ihre regelmässigen Vertreter und Gehilfen den Vertrag zu erfüllen, so dass in der Bestellung besonderer Ersatzmänner und Gehilfen eine Vertragswidrigkeit liegt. Z. B. wenn es sich um die Ausführung eines Glasgemäldes in einer bestimmten, dem Staate gehörigen Anstalt handelt, würde unzweifelhaft eine Vertragswidrigkeit vorliegen, wenn der Fiscus die Ausführung einer andern Anstalt übertragen wollte.

[2] So z. B. *Stobbe* III, 387.

nutzungweise hat gar nicht ein Verschulden des Eigenthümers zur Voraussetzung. Diese Ansprüche sind vielmehr vom Recht gegeben zur Regelung der Verhältnisse der nachbarlichen Grundstücke. Die Handlungen und Unterlassungen sind an sich nicht rechtswidrig, nicht unerlaubt, sie bestehen nur in Ausübung des Eigenthumsrechts; aber sie führen schädliche Einwirkungen auf das Nachbargrundstück herbei und desshalb gewährt das Recht Schutzmassregeln gegen sie. Es liegt also hier durchaus kein Grund vor, wesshalb der Nachbar nicht auch gegen den Eigenthümer des betreffenden Grundstücks, wenn derselbe eine juristische Person ist, dieser Schutzmassregeln sich sollte bedienen können. Diese Schutzmassregeln haben bekanntlich in neuerer Zeit in Folge der Ausdehnung des Fabrikbetriebs ein grosses Feld der Anwendung und eine gesteigerte Bedeutung erhalten. Da vielfach gerade die grössten Fabriken und industriellen Unternehmungen sich in den Händen von juristischen Personen (Actiengesellschaften, Fiscus u. s. w.) befinden, so ist es um so wichtiger hervorzuheben, dass die genannten Schutzmassregeln auch gegen sie zur Anwendung gelangen können.[1] Freilich ist es auch noch in der Gegenwart sehr bestritten, in welchen Fällen die Negatorienklage gegen vom Nachbargrundstück ausgehende Beschädigungen angestellt werden kann. In dem römischen Recht werden nur solche Fälle hervorgehoben, in welchen schädliche Immissionen von festen, flüssigen oder gasförmigen Körpern von dem Nachbargrundstück ausgehen; indessen dürften nach der richtigern Ansicht, der sich auch die Praxis der höchsten Gerichtshöfe zum Theil wenigstens anschliesst, diese Fälle doch nur als Beispiele anzusehen sein, wodurch der Grundsatz veranschaulicht wird, dass die nachbarlichen Verhältnisse eine solche Ausübung des Eigenthums, deren Wirkung sich auf das Nachbargebiet erstreckt, dann ausschliessen, wenn dadurch eine ungewöhnliche, das ortsübliche Mass der Schädlichkeit oder Beschwerlichkeit übersteigende Beschädigung oder Belästigung herbeigeführt wird.[2] So ist eine Eisenbahnverwaltung pflichtig zum

---

[1] In der Praxis besteht hierüber auch durchaus kein Zweifel. Vgl. z. B. *Seuffert*, Archiv XII, 124: XIII, 235; XIV, 208; XIX, 236; XXXI, 312; XXXIII, 205.

[2] Vgl. *Ihering* in den Jahrbüchern für Dogmatik VI S. 81 u. ff.; *Hoffmann* im Archiv für practische Rechtswissenschaft N. F. I, 237 u. ff. — *Seuffert*, Archiv IX, 218; XII. 124; XIX, 236; insbes. XXVII, 208 (O. A. G. Berlin von 1872).

Ersatz des Schadens, der durch das Funkensprühen der Locomotiven entstanden ist, der Fabrikunternehmer für den Schaden haftbar, der durch die Erderschütterungen, welche der Fabrikbetrieb im Gefolge hat, verursacht werden u. s. w. In allen diesen Fällen kann die Verpflichtung des Schadensersatz nicht auf eine Verschuldung, ein doloses oder culposes Verhalten gegründet werden. Denn die Schadensersatzpflicht entsteht auch dann, wenn nachgewiesen wird, dass selbst bei der Anwendung der grösstmöglichen Sorgfalt die Schadenszufügung nicht hätte vermieden werden können, weil es keine Vorrichtungen gibt, welche bei einem Maschinenbetrieb dieser Art die Möglichkeit einer Schadenszufügung ausschliessen (z. B. Funkensprühen einer Locomotive).[1] Da nun aber das Recht nicht nur solchen Maschinenbetrieb gestattet, sondern meist zu demselben eine besondere staatliche Genehmigung ertheilt wird, so kann man vernünftigerweise in demselben an und für sich nicht schon ein culposes Handeln sehen.[2] Es wird dies auch dadurch erwiesen, dass, wie schon früher die Praxis annahm,[3] so nun die deutsche Gewerbe-

---

[1] Vgl. z. B. Plenarbeschluss des Berliner Obertrib. vom 7. Juni 1852 (Präjud. 2382): »Zur Begründung der Vertretungsverbindlichkeit bedarf es nicht des Nachweises einer besonderen Verschuldung bei der Anlage und bei dem Betrieb der Fabrikanstalt.« Entsch. XXIII, 252 u. ff.

[2] In einem Urtheil des O. A. G. München von 1861 wird die Ersatzpflicht der Eisenbahnverwaltung (des Fiscus) für den durch Locomotivfunken entstandenen Brandschaden zunächst ganz richtig auf die durch das Nachbarrecht gegebene Beschränkung des Eigenthumsrechts begründet, dann aber die erhobene Ersatzklage auch aus dem Gesichtspunkte des aquilischen Gesetzes zu rechtfertigen gesucht. Dabei kommt denn das Gericht zu der sonderbaren Schlussfolgerung, dass der Betrieb einer Eisenbahn durch Locomotiven an sich schon eine *culpose Handlungsweise* mit sich führe! (Arch. XIV, 208.) Von einer ähnlichen Voraussetzung scheint auch das Reichsoberhandelsgericht auszugehen. Entsch. XV, 87. — Auch *Bekker* (Jahrbücher für Dogmatik XII, 123) trennt nicht genügend die Delictsklagen von der actio negatoria, wenn er sagt: »Alle diejenigen *Delictsklagen* (gegen juristische Personen) sind zu rechtfertigen, wo die ursächliche Veranlassung der verletzenden Handlung mit dem gesetzten Zweck selber gegeben ist. Es liegt in der Natur der Eisenbahnunternehmungen Schaden anzurichten durch Funkensprühen u. s. w.« Liegt es in der Natur der Unternehmung Schaden anzurichten und kann die hie und da eintretende Verursachung des Schadens auch bei Anwendung der grössten Sorgfalt nicht verhindert werden, so kann auch von einer Delictsklage keine Rede sein, da weder auf dolus noch auf culpa der Schaden zurückzuführen ist.

[3] Vgl. *Dernburg* I, 502 in Bezug auf die Praxis der preussischen Gerichte. Das A. L. R. enthält keine Bestimmungen hierüber.

ordnung von 1869 § 26 bestimmt, dass gegen eine mit obrigkeitlicher Genehmigung errichtete gewerbliche Anlage niemals auf Einstellung des schadenbringenden Gewerbebetriebes geklagt werden kann, sondern nur auf Herstellung von Einrichtungen, welche die benachtheiligende Einwirkung ausschliessen; dass aber da, wo solche Einrichtungen unthunlich oder mit einem gehörigen Betrieb des Gewerbes unvereinbar sind, die Klage nur auf Schadloshaltung gerichtet werden kann. Die Gewerbeordnung bezieht sich zwar nicht auf Eisenbahnunternehmungen (§ 6), aber es unterliegt keinem Zweifel, dass derselbe Grundsatz auch auf sie Anwendung finden muss. Hat der Staat ein solches Unternehmen nach Massgabe der Gesetze concessionirt, so liegt auch in dem Betrieb desselben keine Rechtswidrigkeit. Die durch den Betrieb verursachten Beschädigungen, die durch keine mit dem Betriebe vereinbaren Vorrichtungen, durch keine mögliche Sorgfalt verhindert werden können, sind mit dem Betrieb selbst zugelassen. Sie können den Unternehmer zum Schadensersatz verpflichten, nicht aber zur Einstellung des ganzen Betriebs.

4) *Haftung der juristischen Personen für aussercontractliche Verschuldung ihrer Organe und Beamten.* Von keiner Seite wird bestritten, dass, soweit nicht positive Rechtssätze für bestimmte Verhältnisse eine Ausnahme festsetzen, physische Personen nicht haftbar sind für schuldhafte Handlungen oder Unterlassungen ihrer Stellvertreter und Gehilfen, die dieselben nicht in Contractsverhältnissen, bei Eingehung oder Erfüllung von Verträgen, begehen, sofern sie nicht selbst eines dolosen oder culposen Verhaltens bei Anstellung, Beaufsichtigung oder durch Anstiftung sich schuldig machen. Dagegen gehen die Ansichten darüber weit auseinander, ob dieser Grundsatz auch auf juristische Personen Anwendung zu finden habe oder nicht. Es ist früher nachgewiesen worden, dass im römischen Recht eine Schadensersatzpflicht nicht bestand, soweit nicht die juristische Person aus der Verschuldung ihrer Vertreter bereichert worden ist, dass dagegen im mittelalterlich-germanischen Recht die herrschende, dem Mittelalter eigenthümliche Auffassung über die Natur der universitas und über das Verhältniss derselben zu ihren Organen zu einer Haftbarkeit der universitas für die Vergehen ihrer Organe und Beamten führen musste. Die Reception des römischen Rechts hat

zwar diese Auffassung zurückgedrängt, aber Nachwirkungen derselben liessen sich bis in die neuere Zeit nachweisen. (S. oben S. 41). Diese Auffassung ist überhaupt niemals ganz erloschen, sie hat in der Literatur der Gegenwart wieder neue Kraft gewonnen.

Eine auf sie gegründete deutschrechtliche Theorie der Genossenschaften ist der römischrechtlichen Lehre von den juristischen Personen entgegengestellt worden.[1] Zwar ist es dieser Theorie bis jetzt nicht gelungen die Herrschaft zu erringen. Das gemeine Recht wie die neuern Gesetzbücher ruhen in ihren Rechtssätzen unzweifelhaft auf dem Grunde der römischrechtlichen Prinzipien über juristische Personen, wenn dieselben auch im einzelnen modifizirt worden sind. Was aber die Frage der Haftbarkeit der juristischen Personen aus rechtswidrigem aussercontractlichen Verhalten ihrer Organe und Beamten betrifft, so macht sich sowohl im Gebiete des gemeinen Rechts als in den Gebieten der neuern Gesetzbücher eine starke Strömung geltend, die im Gegensatz zu dem Prinzip des römischen Rechts zu der mittelalterlichen Rechtsauffassung zurückkehren und eine Haftbarkeit der juristischen Personen dann annehmen will, wenn die Organe und Beamten in Ausübung ihrer Functionen des rechtswidrigen Verhaltens sich schuldig gemacht und dadurch eine Beschädigung dritter Personen verursacht haben. Die neuern Romanisten freilich, von *Savigny* (§ 95 II, 310) bis auf *Windscheid* (§ 59 I, 178) und *Brinz* (II, 1132) bleiben bei der einfachen Schlussfolgerung stehen, dass, da die der juristischen Person künstlich gewährte Handlungsfähigkeit sich nicht auf Delicte erstrecke, sie auch nicht für die Delicte ihrer Vertreter haftbar sei, selbst wenn diese in ihrer Eigenschaft als Vertreter ein Delict begehen. Dieser im römischen Recht ausdrücklich anerkannte Grundsatz ergebe sich auch aus der Natur der Sache. Die neuern Gesetzbücher enthalten keine die Frage ausdrücklich entscheidende Bestimmung. Sie stellen alle, mit Ausnahme des französischen Civilgesetzbuches, als Regel den Grundsatz auf, dass für aussercontractliche Beschädigungen der Stellvertreter und Gehilfen der Vertretne nur hafte, wenn ihn selbst eine Verschuldung

---

[1] *Bluntschli,* Deutsches Privatrecht § 33 u. ff.; *Beseler,* Volksrecht Kapit. 6; Deutsches Privatrecht § 66 u. ff.; *Gierke,* Das deutsche Genossenschaftsrecht I, II; Art. Corporation in *Holtzendorff's* Rechtslexicon I.

trifft.[1] Sie alle gehen davon aus, dass die juristischen Personen als willenlose Personen unfähig sind, *in Handlungen oder Unterlassungen* eine Verschuldung zu begehen. Ob aber trotzdem die juristischen Personen für die aussercontractlichen Vergehen ihrer Vertreter zu haften haben, darüber sprechen sie sich nicht aus. Trotz der naheliegenden Schlussfolgerung, dass also von einer Haftbarkeit der juristischen Personen keine Rede sein könne, soweit nicht eine solche durch Vertrag übernommen oder durch Spezialgesetz auferlegt worden sei, haben sich zahlreiche höchste Gerichtshöfe Deutschlands dahin ausgesprochen, dass sowohl im gemeinen Recht als in den Particularrechten die juristischen Personen für die Vergehen ihrer Vertreter einzustehen haben. Ueber Umfang dieser Haftbarkeit besteht allerdings keine Uebereinstimmung, wie auch die Rechtsprechung der einzelnen Gerichtshöfe nicht immer sich gleich geblieben ist. Die höchsten Gerichtshöfe von München, Braunschweig, Darmstadt und Lübeck gehen davon aus, dass die rechtswidrigen Handlungen und Unterlassungen, deren sich die Organe und Beamte der juristischen Personen, insbesondere des Fiscus und der Gemeinden, schuldig machen, rechtswidrige Handlungen der juristischen Person seien, für welche dieselbe zu haften habe. So könne auf Grund der Lex Aquilia aus den beschädigenden Handlungen der Beamten ein Schadensersatzanspruch gegen den Fiscus erhoben werden.[2]

Das Oberappellationsgericht zu Celle hat zwar in einer Entscheidung von 1855 dahin erkannt, dass eine juristische Person (Fiscus) nach der Lex Aquilia für einen durch ihre Beamten zugefügten Schaden nicht zu haften habe. Selbst wenn ein Verschulden in der Auswahl der Beamten vorhanden sei, könne nach dem Wesen der auf einem Delicte beruhenden Klage nicht die juristische Person, sondern nur derjenige ihrer Vertreter, welchen das Verschulden treffe, in Anspruch genommen werden.[3] In einem von demselben Gerichtshof im Jahre 1861 gefällten Erkenntniss wird es dagegen nicht gerade für unzulässig erklärt, die aquilische Klage gegen eine

---

[1] Preussisches A. L. R. I, 6 § 50, 52, 56—69; I, 13 § 36; Oestreich. bürgerl. Gesetzbuch § 1313—1315; Sächs. Gesetzbuch § 116, 118, 119.

[2] *Seuffert,* Archiv VII, 150 (Darmstadt); X, 165 (Braunschweig); XIV. 208 (München); XXV, 128 (Lübeck).

[3] *Seuffert,* Archiv XIII, 140.

juristische Person (auch hier den Fiscus) anzustellen. Mit viel grösserer Sicherheit spricht sich das Appellgericht von Celle im Jahre 1878 dahin aus, dass eine juristische Person auf Grund der aquilischen Klage für die vermögensrechtlichen Folgen eines von ihren Vertretern oder Organen begangnen Delicts einzustehen habe. Insbesondere sei dies anzunehmen, wenn eine gesetzliche Verpflichtung zu gewissen Handlungen vorliege, deren Nichterfüllung den Verpflichteten zum Ersatz des aus derselben entstandenen Schadens obligire. Es widerstreite weder dem Wesen der juristischen Person noch positiven Gesetzen, dass die Folgen jener verschuldeten Unterlassung die juristische Person selbst treffen, deren Vertretung durch ihre Organe nach den unerlässlichen Anforderungen des Verkehrswesens nicht etwa bloss zum Vortheile der juristischen Person, wenn es sich um Erwerb von Rechten durch ihren Vertreter handele, rechtlich anzuerkennen sei. Die aquilische Klage sei desshalb auch gegen juristische Personen zulässig.[1] Der Gerichtshof übersieht jedoch hierbei, dass eine Voraussetzung der Haftung nach der Lex Aquilia darin besteht, dass die Beschädigung dem Beklagten zur Schuld angerechnet werden könne. Die Uebertragung der Haftung von der beschädigenden Person auf eine andere, physische oder juristische Person, kann nur geschehen durch einen positiven Rechtssatz, dessen Existenz nachzuweisen das Gericht nicht unternimmt.

Auch in der Rechtsprechung anderer höchster Gerichte tritt ein solches Schwanken der Ansichten hervor, so in der des Obergerichts zu Wolfenbüttel,[2] des Oberappellationsgerichts zu Jena,[3]

---

[1] *Seuffert*, XV, 26; XXXIV, 88.

[2] Von *Kissling* (Verhandlungen des VIII. Juristentags I, 401) werden zwei Erkenntnisse von 1848 und 1856 angeführt, welche die aquilische Klage gegen den Fiscus zulassen. Ein Erkenntniss von 1865 will höchstens eine Haftung wegen culpa in eligendo bei Anstellung der Beamten anerkennen (*Seuffert* XXI, 237), während dasselbe Gericht im Jahre 1874 erklärt, dass wegen einer Verschuldung nur die Organe und Beamten einer juristischen Person (im vorliegenden Falle einer Gemeinde) haftbar seien, nicht aber die juristische Person. So könne eine Gemeinde nicht mit dem Interdictum quod vi aut clam belangt werden (*Seuffert* XXX, 249).

[3] In einem Erkenntniss von 1837 wird die Haftung juristischer Personen geläugnet (*Emminghaus*, Pandecten des sächsischen Rechts S. 229; VII, 1, n. 74); 1863 die Haftung einer Gemeinde nach dem interdictum ne quid in flumine publico fiat ausgesprochen (*Seuffert* XVII, 246).

wie in der des Obertribunals zu Berlin. Letzteres ging in einem Erkenntniss vom 27. Juni 1836 davon aus, dass der Fiscus, als Rechtssubjekt und moralische Person gedacht, nicht vollkommen eins sei mit den Beamten, welche die verschiednen Staatseinkünfte verwalten und welche ihn nicht dergestalt repräsentiren, dass alles, was sie thun und unterlassen, seiner Persönlichkeit so beigemessen werden könne, als ob er es selbst gethan und unterlassen hätte.[1] Späterhin stellte sich die Praxis des Gerichtshofs dahin fest, dass der Fiscus, wo es sich um die Erfüllung von Privatverbindlichkeiten handele, welche ihre Quelle nicht in dem öffentlichen, sondern in dem Privatrecht haben, gleich Privatpersonen hafte und im Falle pflichtwidriger Amtshandlungen die in ihren Rechten gekränkten Privatpersonen nicht an die Beamten verweisen könne.[2] Darnach wurden juristische Personen haftbar erklärt für Sachbeschädigungen, welche durch Fahrlässigkeit ihrer Beamten dritten Personen zugefügt wurden,[3] wie für solche, welche ihre Beamten durch Uebertretung von Polizeivorschriften verursacht hatten.[4] Neuerdings jedoch scheint das Obertribunal diesen Standpunkt wieder verlassen zu haben. In einer Entscheidung vom 2. October 1877 erkannte der Gerichtshof, dass eine Korporation nicht verpflichtet sei zum Schadensersatz aus den Rechtsverletzungen ihrer Vertreter. Bezüglich der in der Wissenschaft und Praxis bestehenden Streitfrage, ob eine Korporation aus den gesetzwidrigen Handlungen ihrer Vertreter unmittelbar schadensersatzpflichtig werde, sei der verneinenden Ansicht der Vorzug zu geben, welche in dem Wesen der juristischen Personen und der Obligationen aus Delicten ihre Begründung und in den Quellen des römischen Rechts Bestätigung fände.[5]

Eine mittlere Ansicht suchte bisher das Reichsoberhandelsgericht anfzustellen. Dasselbe erkennt selbstredend an, dass juristische Personen kein Delict, auch keine Polizeiübertretung begehen können[6]

---

[1] *Simon,* Entscheidungen des Geh. Ob.-Trib. III, 40.

[2] Erkenntniss vom 6. April 1869 (Entsch. Bd. 61, S. 1 u. ff.) und die dort angeführten frühern Erkenntnisse.

[3] *Seuffert,* XIV, 36; XXXI, 37.

[4] Entsch. Bd. 14, 92; *Striethorst,* Archiv Bd. 46, 96; Bd. 97, 169.

[5] *Seuffert,* Archiv XXXIII, 304. Das Erkenntniss ist für das Gebiet des gemeinen Rechts (Schleswig) gegeben.

[6] Entsch. des R. O. H. G. VIII, 204; XIII, 291.

und dass eine Haftbarkeit derselben aus Delicten ihrer Beamten nicht auf eine Verschuldung gegründet werden könne.[1] Aber trotzdem soll die juristische Person für ausserconträctliche Verschuldung ihrer Organe und Beamten dann haftbar sein, wenn es sich um Erfüllung der aus dem Privatrecht fliessenden Verbindlichkeiten handele. Eine solche liege insbesondere vor in einer *vom Gesetz* der juristischen Person auferlegten Verbindlichkeit. Wie ihr beim Erwerb der *Rechte* die Handlungen der Vertreter als eigene Handlungen angerechnet werden, so spreche der nothwendige Schutz des Verkehrs dafür, dieselbe Anrechnung festzuhalten, wenn es auf Ersatz von Beschädigungen ankomme, welche dadurch entständen, dass bestimmte, im Interesse jenes Schutzes auferlegte *Verbindlichkeiten* unerfüllt geblieben seien. So ward von dem Reichsoberhandelsgericht in dem Erkenntniss vom 10. Dezember 1872 der Preussische Fiscus haftbar erklärt für den Schaden, der durch Verschulden seiner Beamten in sofern entstanden ist, als diese die durch das Preuss. Strafgesetzbuch (§ 345 N. 9) gebotnen, auf Schadensverhütung abzielenden Sicherungsmassregeln (bei Bauten u. s. w.) verabsäumt haben.[2] So richtig der Vordersatz ist, so anfechtbar sind der Nachsatz und die daraus gezogenen Schlussfolgerungen. Hat das Gesetz der juristischen Person eine Verbindlichkeit aufgelegt, so ist dieselbe unzweifelhaft aus dem Vermögen der juristischen Person zu erfüllen. Indem das Gesetz der juristischen Person eine Verbindlichkeit auflegt, erklärt es eben die Verpflichtung zu derselben von der Verschuldung unabhängig. Eine solche vom Gesetz auferlegte Verbindlichkeit ist z. B. die Haftpflicht der Eisenbahnen nach § 1 des Reichshaftpflichtgesetz vom 7. Juni 1871. Ein Verschulden und die Zurechnungsfähigkeit des Haftpflichtigen kommt dabei gar nicht in Betracht. Unrichtig aber ist es, wenn das Gericht die Schadensersatzpflicht, die aus einer nach dem Strafgesetzbuch strafbaren Handlung entspringt, als eine der juristischen Person vom Gesetz auferlegten Verbindlichkeit betrachtet und demnach diese, nicht den Thäter für haftbar erklärt. § 345 N. 9 des Preuss. Strafgesetzbuchs

---

[1] Diese Auffassung liegt doch wohl auch der Entscheidung X, 85 zu Grunde, wenn auch der Wortlaut zu Zweifel Anlass geben könnte.

[2] Entsch. VIII, 201 u. ff.

(in seinem Wortlaut identisch mit § 367 N. 12 des deutschen St. G. B.) lautet: »Mit Geldbusse u. s. w. wird bestraft, wer auf öffentlichen Strassen, Wegen, Plätzen . . . oder überhaupt an Orten, wo Menschen hinkommen, Brunnen, Keller, Gruben, Oeffnungen u. s. w. dergestalt unverdeckt und unverwahrt lässt, dass daraus Gefahr für Andere entstehen kann.« Irregeleitet durch die *Binding'ische* Normentheorie [1] nimmt das R. O. Handelsgericht an, darin sei ein Gebot an jeden *Grundeigenthumer* enthalten, das auch dem Fiscus wegen seines Grundeigenthums die entsprechende gesetzliche Pflicht auferlege. Für die Verabsäumung dieser Pflicht könne zwar strafrechtlich nur der Vertreter verantwortlich gemacht werden, civilrechtlich aber sei der Grundeigenthümer haftbar. Es beruht diese Ansicht auf einem m. E. offenbaren Irrthum. Das in § 345 N. 9 allerdings enthaltne Gebot richtet sich nicht an den Grundeigenthümer, sondern an denjenigen, welcher die Verwaltung des betreffenden Grundstücks auszuüben hat, sei dieser nun der Eigenthümer oder nicht. [2] Hat z. B. ein Pächter der Verletzung des Strafgebots sich schuldig gemacht, so wird es doch Niemanden in den Sinn kommen, den Pächter zwar für strafbar zu erklären, den Eigenthümer aber haftbar zu machen für den durch Verschuldung des Pächters entstandnen Schaden. Die Schadensersatzpflicht hat ihren Grund in der Verschuldung und das Reichs-Oberhandelsgericht führt keinen Rechtssatz an, durch welchen die Haftbarkeit von dem Schuldigen auf die von ihm vertretne juristische Person übertragen würde. [3] In einem spätern Erkenntniss vom 22. Juni 1875 verwirft das Gericht den Satz »die juristische Person hafte für die facta illicita ihrer Vertreter und Beamten unbedingt, wenn diese bei Ausübung ihrer Functionen gefehlt haben.« [4] In dem Erkenntniss vom 10. December 1872 sei

---

[1] A. a. O. S. 204.

[2] *Oppenhoff* zu dem Reichs St. G. B. § 367 N. 12 »Die Verpflichtung liegt nicht dem Eigenthümer als solchem, sondern dem zeitweiligen Inhaber oder Stellvertreter ob.« Rechtssprechung des Obertribunals VIII, 584; XII, 480; XVI, 508. Vgl. auch *Rüdorff,* Strafgesetzb. (2. Aufl.) S. 559 und *Stenglein,* Zeitschrift für Gerichrspraxis I, 174. — Vgl. auch Deutsche Gewerbeordnung § 151.

[3] Gegen die Ansicht des R. O. H. G. spricht sich auch aus *Kowalzig* a. a. O. S. 323, aber aus unzureichenden Gründen.

[4] Entsch. XVIII, 136.

die Haftbarkeit juristischer Personen für Handlungen und Unterlassungen ihrer Vertreter nur für die Fälle ausgesprochen, wo es sich um Contractsverhältnisse oder um durch spezielle Gesetze auferlegte Verbindlichkeiten handele. Versteht das Gericht unter den letztern auch die Haftpflicht für die Beschädigungen, welche durch strafbare Handlungen oder Unterlassungen der Vertreter und Beamten verursacht worden sind, so ist diese Ansicht einerseits unrichtig, andererseits lässt sich dann nicht einsehen, wesshalb für andere facta illicita der Vertreter die juristische Person nicht haften sollte. Versteht das Gericht aber unter den durch spezielle Gesetze auferlegten Verbindlichkeiten nur diejenige Haftpflicht, welche durch spezielle Rechtssätze den Grundeigenthümern, Eisenbahnen, industriellen Unternehmungen u. s. w. auferlegt ist für die durch sie oder ihre Vertreter, Gehilfen u. s. w. verursachten Beschädigungen, ohne dass hierbei die eigne Verschuldung des Haftpflichtigen in Betracht kommt, so befindet sich das Gericht nicht, wie es annimmt (VIII, 205; XVIII, 136), in Uebereinstimmung, sondern in vollem Gegensatz zu dem von dem Preussischen Obertribunal in seiner Entscheidung vom 6. April 1869 bezeugten und angewandten Grundsatz.[1]

Endlich ist aus der Praxis der höchsten Gerichtshöfe noch ein interessantes Erkenntniss des früheren Oberappelationsgerichts zu Zerbst von 1840 zu erwähnen, weil dasselbe die Haftbarkeit der Gemeinden für die Delicte ihrer Vertreter unmittelbar an das mittelalterliche Recht anknüpft. Auf Grund der früher erwähnten Stelle des Sachsenspiegels (III, Art. 86 § 2), deren heutige Geltung nicht bezweifelt werden könne, sei nach gemeinem Sachsenrecht die Pflicht der Gemeinden anzuerkennen, den durch die Delicte ihrer Vertreter angerichteten Schaden zu ersetzen.[2]

---

[1] Siehe oben S. 79. — Welche Auslegung das Gericht selbst dem der Entscheidung vom 10. Dezember 1872 zu Grunde gelegten Satze geben will, lasst sich nicht klar erkennen. Nach Entsch. XVIII, 136 scheint es, als habe das Gericht ihm nur die letztere beschränkte Bedeutung beilegen wollen; in der Entscheidung vom 11. Januar 1877 (XXI, 287) dagegen sagt das Gericht: »Ebenso wenig leidet hier der Grundsatz Anwendung, dass der Staatsfiscus und juristische Personen überhaupt für den durch ihre Vertreter verursachten Schaden civilrechtlich *unterschiedslos* zu haften haben (vgl. Entsch. VIII, 206), denn ein Vertretungsverhaltniss bestand zwischen dem Urheber . . . der Körperverletzung und dem Sächsischen Staatsfiscus . . . nicht.«

[2] *Emminghaus,* Pandecten des Sächs. Rechts S. 229 (VII, Tit. 1 n. 75).

In der Literatur haben sich namentlich die Schriftsteller über Preussisches Privatrecht für die Haftbarkeit juristischer Personen aus rechtswidrigen aussercontractlichen Handlungen ihrer Vertreter und Beamten ausgesprochen. Während *Dernburg* dies darin begründet findet, dass die Handlungen der Repräsentanten und Beamten der juristischen Person bei Verwaltung des Vermögens so aufzufassen seien, als habe sie die juristische Person selbst vorgenommen,[1] behauptet *Forster*, von jeder Korporation müsse für aussercontractliche Verschuldung ihrer Vertreter und Beamten eine Garantieleistung verlangt werden, weil deren Vertretung durch physische Personen eine *nothwendige* sei. Müsse zugegeben werden, dass aus Vertragsverletzungen ihrer Beamten die juristische Person zur Entschädigung verpflichtet werde, so liege kein Grund vor, warum sie aus derjenigen Obligation, die in Folge eines Delictes ihres Vertreters erzeugt werde, nicht solle verbindlich werden können, vorausgesetzt, dass das Delict von dem Vertreter innerhalb seiner amtlichen Ermächtigung verübt worden sei.[2] Indessen beruht jene stillschweigende Garantieleistung auf einer unerwiesenen Annahme. Auch der zweite der angeführten Gründe ist nicht stichhaltig. Für contractliches Verschulden ihrer Vertreter haftet die juristische Person ebenso, wie jede physische Person für contractliches Verschulden ihrer Vertreter haftet. Da nun aber die physischen Personen in der Regel für aussercontractliches Verschulden ihrer Vertreter nicht haften, so bedürfte es, um eine derartige Haftbarkeit der *juristischen Personen* darzuthun, eines besondern Rechtssatzes, dessen Existenz von *Förster* nicht nachgewiesen ist.

Endlich bedarf es keiner weitern Ausführung, dass die Haftung der juristischen Personen für aussercontractliche Verschuldung ihrer Vertreter nicht gegründet werden kann, weder direkt noch analoger Weise, auf eine Haftung des dominus für Delicte, welche der Institor,

---

[1] Siehe oben S. 59.

[2] *Förster*. Theorie und Praxis des Preuss. Privatrechts § 90 (I, 536). *Gegen* die Haftbarkeit der juristischen Personen spricht sich aus *Koch*, Commentar zum Allg. L. R. (5. Aufl.) I, 297, 302, zu I, Tit. 6 § 26, 50. Vgl. auch *Koch*, Das Recht der Forderungen nach gemeinem und nach preuss. Recht II, 602 u. ff.

Exercitor u. s. w. bei dem Geschäftsbetrieb begehen.[1] Weder stehen die Vertreter juristischer Personen im Verhältniss der Institoren zu denselben noch haftete nach römischem Recht der dominus für schadenbringende Handlungen, welche unabhängig von einem Contract und dessen Erfüllung ein Institor u. s. w. begeht, selbst wenn das Institorenverhältniss dazu die Gelegenheit gab.[2]

Aus dieser Erörterung der in der deutschen Praxis und Theorie hervorgetretenen Ansichten dürften sich folgende Resultate ergeben:

1) Eine Haftpflicht der juristischen Personen überhaupt, wie des Fiscus insbesondere für die aussercontractlichen Verschuldungen ihrer Organe und Beamten lässt sich nicht aus der Natur der Sache, d. h. aus dem Begriff der juristischen Person und dem Rechtsverhältniss an sich, in welchem die Organe und Beamten zu ihr stehen, ableiten. Es ergibt sich dies schon daraus, dass das römische Recht, auf dem die heutige Theorie der juristischen Person ruht, eine derartige Haftbarkeit nicht gekannt hat. Die Haftbarkeit ist nicht logisch nothwendig mit der juristischen Person gegeben.

2) In dem gemeinen Recht hat sich die dem mittelalterlichen Recht eigenthümliche Haftbarkeit der Korporationen für Handlungen ihrer Organe und Beamten nicht erhalten.

3) Ein neueres Gewohnheitsrecht, durch welches eine solche Haftbarkeit im gemeinen Recht eingeführt worden wäre, lässt sich nicht nachweisen. Die Verschiedenheit der in der Literatur und in der Praxis vertheidigten Ansichten, wie das Schwanken in der Rechtssprechung selbst derjenigen Gerichtshöfe, welche zeitweise die Haftbarkeit juristischer Personen als zu Recht bestehend annahmen, zeigen klar, dass sich eine gemeinsame Rechtsüberzeugung nicht gebildet hat, eine solche also auch in der Praxis nicht zum Ausdruck gelangen konnte.

---

[1] Diese Ansicht scheint *Zachariae*, Zeitschrift XIX, 621 u. ff. zu haben. Auf sie gründete das Oberappellgericht zu Celle in einem Erkenntniss von 1845 die Haftbarkeit einer Korporation (einer Lootsengesellschaft) für die aussercontractliche Verschuldung ihres Vertreters, der als magister navis aufgefasst wird. *Seuffert*, Archiv V, 164.

[2] L. 7 pr. D. nautae caup. 4, 9. — *Thöl*, Handelsrecht I, 293. Vgl. auch *Curtius* a. a. O. S. 96 u. *Wänlig*, Haftung für fremde unerlaubte Handlungen (1875) S. 101 u. f.

4) Die neuern deutschen Gesetzgebungen enthalten keine ausdrückliche Bestimmung über die Frage. Aus den allgemeinen über die juristischen Personen von ihnen aufgestellten Rechtssätzen lasst sich die Haftbarkeit für ausser contractliche Verschuldung nicht ableiten. Ein dahingehendes particulares Gewohnheitsrecht ist bis jetzt wenigstens nicht nachgewiesen worden.

5) Soweit die Existenz eines solchen nicht dargethan werden kann, muss als Regel sowohl für das gemeine Recht wie für die Rechtsgebiete der neuern Gesetzgebungen der Satz gelten:

Die juristischen Personen uberhaupt, wie der Fiscus insbesondere haften nicht fur die ausser contractlichen Verschuldungen ihrer Organe und Beamte, sofern sie nicht vertragsmässig eine Haftung übernommen haben oder sofern ihnen nicht durch positiven Rechtssatz für besondere Verhältnisse ausnahmsweise eine solche Verbindlichkeit auferlegt worden ist.

6) Wohl aber ist nicht zu verkennen, dass nach einer weit verbreiteten Anschauung die Haftbarkeit der juristischen Person für ausser contractliche Verschuldung ihrer Vertreter als eine Forderung der Gerechtigkeit betrachtet wird. Dieser Richtung folgend haben nicht selten Gerichte wie angesehene Schriftsteller angenommen, dass eine derartige Haftbarkeit in dem geltenden Rechte begründet sei.

Kann nun auch letzteres als unerwiesen nicht zugegeben werden, so fragt es sich doch, ob und eventuell in wie weit eine solche Haftbarkeit juristischer Personen wirklich von der Gerechtigkeit gefordert werde und demnach auch von einer künftigen Gesetzgebung, insbesondere von dem in Aussicht stehenden bürgerlichen Gesetzbuch für das deutsche Reich zu verwirklichen sei. Im Mittelalter erschien die Haftbarkeit der Genossenschaften für die Handlungen ihrer Organe gerechtfertigt, weil die Genossenschaft eine Lebensgemeinschaft war, die den Einzelnen vollständig erfasste. Wie der Einzelne mit seiner ganzen Kraft und seinem Vermögen für die Genossenschaft einzutreten hatte, so hatte auch die Genossenschaft für ihn, vor allem aber für ihre Vorsteher und Beamten einzustehen. Eine nüchterne Betrachtung der thatsächlichen Verhältnisse der Gegenwart kann nicht verkennen, dass die heutigen Korporationen, insbesondere auch der Staat als privatrechtliche juristische Person, als Fiscus diesen Charakter nicht mehr besitzen, dass die Stellung der Einzelnen zu der Gesammtheit heute eine andere geworden ist. Gibt man dies zu, so liegt m. E. ein genügender Grund, die Haftbarkeit juristischer Personen weiter auszudehnen als die der physischen Personen, nicht vor. Die physische Person kann allerdings auch für aussercontractliche Verschuldung ihrer Stellvertreter und Gehilfen in Anspruch genommen werden, wenn sie sich selbst eine Verschuldung bei der Anstellung oder Beaufsichtigung derselben hat zukommen lassen. Eine solche Verschuldung kann niemals die juristische Person, sondern immer nur deren Organe und Beamten treffen. Hierauf kann unmittelbar immer nur eine Haftbarkeit der letzteren gegründet werden. Weil aber die Organe und Beamten für culpa in eligendo s. custodiendo haftbar sind, ist es auch unrichtig zu sagen, dass ohne Annahme einer Haftbarkeit der juristischen Person die Anwendung der gemeinrechtlichen Grundsätze ganz illusorisch würde.[1] Ist doch auch die physische Person, die einen Stellvertreter bestellt, nicht haftbar, wenn dem Stellvertreter bei Anstellung oder Beaufsichtigung der Gehilfen u. s. w. eine culpa zur Last fällt, vorausgesetzt dass der Vollmachtgeber bei Ernennung des Stellvertreters keine Fahrlässigkeit begangen hat! In keiner andern Lage befindet sich die juristische Person und die Gerechtigkeit erfordert desshalb, dass ihr auch keine grössere Haftbarkeit auferlegt werde. Noch klarer liegt die Sache, wenn eine Fahrlässigkeit bei Anstellung und Beaufsichtigung der Vertreter und Gehilfen nicht stattgefunden hat. Wesshalb sollte eine Korporation eintreten für die aussercontractliche Beschädigung, die ihre Vertreter und Beamten dritten Personen zugefügt haben, wenn eine physische Person unter ganz denselben Voraussetzungen nicht haftbar ist? Hat der Procurist eines Kaufmannes bei Gelegenheit seiner Geschäftsführung einer dritten Person durch aussercontractliche rechtswidrige Handlung einen Schaden zugefügt, so trifft den Kaufmann keine Schadensersatzpflicht. Warum sollte eine Korporation zu Schadensersatz verpflichtet sein, wenn ihr Procurist ganz dasselbe thut?

Wir können demnach nicht anerkennen, dass die Gerechtigkeit als Regel eine Haftbarkeit der juristischen Personen für die ausser-

---

[1] So *Zachariae* a. a. O. S. 622.

contractliche Verschuldung ihrer Organe und Beamten verlange, wenn eine solche Haftbarkeit den physischen Personen nicht obliegt. Eine ganz andere Frage, die freilich von der vorliegenden häufig nicht scharf gesondert wird, ist die, ob nicht aus Gründen der Gerechtigkeit für besondere Verhältnisse eine Verpflichtung, den von fremden Personen verursachten Schaden zu ersetzen, Personen aufzuerlegen sei, denen weder eine unmittelbare noch eine mittelbare Verschuldung zur Last fällt. Bekanntlich haben sowohl das römische Recht wie insbesondere die neuern Gesetzgebungen zahlreiche Falle einer solchen Haftung für den durch fremde Personen angerichteten Schaden eingeführt. Da der Grund der Schadensersatzpflicht hier nicht in der Verschuldung ruht, so trifft dieselbe sowohl physische wie juristische Personen. Dieser Unterschied ist dann für die Haftpflicht rechtlich völlig irrelevant. Auch wenn die schadensersatzpflichtige Person in Folge thatsächlicher Verhältnisse oder in Folge eines durch Gesetz eingeführten Monopols nur eine juristische Person sein wird oder sein kann — Beispiele für das erstere bieten die Eisenbahnunternehmungen, die nur ganz ausnahmsweise im Eigenthum oder in der Verwaltung eines Einzelnen sich befinden können; für das letztere der Fiscus als Inhaber des Postmonopols — so liegt der Grund der Schadensersatzpflicht nicht darin, dass *eine juristische Person* die Verpflichtete ist, sondern in der Natur der Rechtsverhältnisse, in welchen der Schaden zugefügt worden ist. Da, wo ausnahmsweise ein Privatmann Betriebsunternehmer einer Eisenbahn ist, haftet derselbe z. B. nach dem Reichshaftpflichtgesetz § 1 ebenso, wie der Fiscus oder eine Actiengesellschaft, welche in der Regel den Betrieb der Eisenbahnen ausüben.[1] Würde der Fiscus die Ausübung des Postmonopols einem Privatmann übertragen, wie dies früher in einzelnen deutschen Staaten zu Gunsten des Fürsten von Thurn und Taxis geschehen war, so würde dieser gerade so haftpflichtig sein, wie der Fiscus selbst. Es lässt sich in dem geltenden Recht kein Satz nachweisen, durch welchen der juristischen Person als solcher eine besondere Haftpflicht für die rechtswidrigen Handlungen und Unterlassungen anderer Personen wegen dieser

---

[1] Vgl. z. B. *Eger,* Reichshaftpflichtgesetz (2. Aufl. 1879) S. 87 u. ff.

ihrer Eigenschaft auferlegt wäre. Es liegt desshalb auch ausserhalb unserer Aufgabe, diejenigen Rechtssätze zu erörtern, welche für fremde rechtswidrige Handlungen und Unterlassungen — seien dieselben innerhalb oder ausserhalb eines Contractsverhältnisses vorgekommen — dritte Personen für schadensersatzpflichtig erklären, obgleich diese letztere eine eigene Verschuldung nicht trifft. Denn diese Rechtssätze finden gleicher Massen Anwendung auf juristische wie physische Personen. Auch die Haftpflicht der Post- und Telegraphenanstalten, soweit hierüber besondere gesetzliche Bestimmungen bestehen, ist nicht desshalb von dem gemeinen Recht abweichend gestaltet, weil eine juristische Person, speziell der Fiscus der haftpflichtige Betriebsunternehmer ist, sondern weil einerseits die Eigenthümlichkeiten des Betriebs, seine Ausdehnung, seine technischen Schwierigkeiten u. s. w., die Monopolisirung des Betriebs andererseits in dem Verhältniss zu dem gemeinen Recht eine theils erweiterte, theils beschränkte Haftpflicht erfordern. Es bedarf desshalb hier auch keiner näheren Darstellung der einzelnen Bestimmungen; die Verweisung auf die zahlreichen, zum Theil vortrefflichen Schriften und Abhandlungen, die hierüber in neuerer Zeit erschienen sind, möge an dieser Stelle genügen.[1] Soweit der Staat gewerbsmässig Handelsgeschäfte treibt,[2] Betriebsunternehmer von Eisenbahnen, Bergwerken, Fabriken, gewerblichen Anlagen u. s. w.

---

[1] Vgl. im Allgemeinen *Goldschmidt*, Zeitschrift für Handelsrecht XVI, 370 u. ff.; *Körner*, Zeitschrift für Rechtspflege in Sachsen XLIII, 342 u. ff.; *Wäntig*, Haftung für fremde unerlaubte Handlungen S. 57 u. ff.; *Dernburg* II, 144 u. ff., 538 u. ff., 705 u. ff.; *Eger*, a. a. O. und die S. 1 und S. 166 angeführte reiche Literatur über das Reichshaftpflichtgesetz; *Koch*, Deutschlands Eisenbahnen II (1860) S. 257 u. ff., Anlagen S. 179—240; *Meili*, Haftpflicht der Postanstalten (nach der Gesetzgebung der Schweiz und ihrer Nachbarstaaten) 1877; *Dambach*, Gesetz über das Postwesen des Deutschen Reichs S. 22 u. ff.; *Meili*, Telegraphenrecht (2. Aufl. 1875); *Reuling*, Zeitschrift für Handelsrecht XVIII, 291 u. ff. — Die Haftbarkeit des Staats aus Verschulden der Beamten der Depositalverwaltung und der Grundbuchführung ist später zu erörtern.

[2] Ueber die Voraussetzungen, unter denen dies anzunehmen ist, gehen die Ansichten auseinander. Vgl. einerseits *v. Hahn* I, 27 u. f.; anderseits *Goldschmidt*, Handbuch des Handelsrechts § 44 I, 348 u. ff. Wir haben hier keine Veranlassung in diese Controverse einzutreten. Auf Grund eines Plenarbeschlusses hat das R. O. H. Gericht im Erkenntniss vom 30. Januar 1874 ausgesprochen, dass die deutsche Reichspost in Ansehung des Transports von Gütern (Geldbriefen) als Kaufmann im Sinne des Handelsgesetzbuchs anzusehen ist. Entsch. XII, 311 u. ff.

ist, finden auf den Fiscus die Bestimmungen des Handelsgesetzbuchs und der übrigen einschlagenden Gesetze Anwendung.

Die Tendenz vieler deutschen Gerichte, die juristischen Personen haftbar zu erklären für die ausserconstractlichen Verschuldungen ihrer Organe, Beamten und Gehilfen, hat ihren Grund nicht sowohl in einer dem mittelalterlichen Recht sich anschliessenden Rechtsüberzeugung von der Verantwortlichkeit der Gemeinschaft für das Verhalten ihrer Vorstände und Glieder, als vielmehr in dem Bestreben, die ungenügenden Sätze des gemeinen und der meisten particularen Rechte über die Schadensersatzverbindlichkeit durch die Praxis zu ergänzen. Der Satz, dass die Pflicht Schadenersatz zu leisten nur dem eignen Verschulden entspringe, genügte nicht mehr. Die grossartige Entwicklung der Industrie hatte zahlreiche Unternehmungen hervorgerufen, deren Betrieb mit Gefahren für die Arbeiter und für dritte Personen verbunden ist, mit Gefahren, die theils auch bei Anwendung der grössten Vorsicht nicht vollständig vermieden werden, die theils schon in Folge eines geringen Versehens, einer Lässigkeit in der Beaufsichtigung eintreten können. Die grössern Unternehmungen dieser Art befinden sich meist in den Händen von Actiengesellschaften und von andern juristischen Personen, wie Fiscus, Gemeinden u. s. w. In allen diesen Fällen nur dann eine Ersatzpflicht für den durch solche Unfälle verursachten Schaden anzunehmen, wenn eine Verschuldung nachgewiesen werden kann, und die Ersatzpflicht auf diejenige Person zu beschränken, der die Verschuldung zur Last fällt, muss als Ungerechtigkeit erscheinen. Die Ungerechtigkeit hat nicht darin ihren Grund, dass selbst unter Eintritt der letztern Voraussetzung sehr häufig ein Schadensersatz dem Beschädigten nicht oder nur in sehr geringem Umfang gegeben werden kann, weil der Schuldige selbst kein hinreichendes Vermögen besitzt. Auch in zahlreichen andern Fällen ist aus dem eben angegebenen Grund ein Schadensersatz nicht zu erlangen, ohne dass desshalb die Uebertragung der Schadensersatzpflicht von der schuldigen, aber unbemittelten Person auf eine von der Verschuldung freie, aber mit grossem Vermögen ausgestattete Person gefordert werden könnte. Auch das ist offenbar irrelevant, ob der Betriebsunternehmer aus dem mit Gefahren verbundenen Betrieb einen grössern oder kleinern Gewinn zieht. Eine Schadensersatzpflicht des an der Beschädigung selbst unschuldigen Betriebsunternehmers kann nicht davon abhängen, welchen Ertrag ihm das Unternehmen abwirft. Ein Fabrikant, der seine Fabrik eine Zeit lang trotz Verluste in Gang erhält, müsste sonst von der Haftung befreit sein. Die Gerechtigkeit einer Schadensersatzpflicht ist vielmehr darin begründet, dass die im Privatinteresse errichteten und betriebenen Unternehmungen Gefahren mit sich führen, die gar nicht oder nur unter Anwendung einer aussergewöhnlichen Vorsicht des Unternehmers, der zur Leitung und Beaufsichtigung angestellten Personen, der Gehilfen u. s. w. verhütet werden können. Wer eine solche Unternehmung betreibt, hat, wenn ihn auch keine Verschuldung trifft, doch die aus dem Betrieb entstehenden Unfälle und Beschädigungen veranlasst. In dem Betrieb selbst liegt keine Verschuldung, denn derselbe ist nicht rechtswidrig, aber *mit dem Betrieb* ist *die Gefahr* gegeben. Die Gesellschaft, die solche gefahrvolle Betriebe gestattet, kann und muss verlangen, dass der Unternehmer auch diese Gefahr trägt, sie muss ihn schadensersatzpflichtig machen. Die ihm von dem Gesetz aufzulegende Garantie gehört zu den Generalkosten des Unternehmens. Das Reichshaftpflichtgesetz hat diesem Gedanken einen, wenn auch unvollständigen und ungenügenden Ausdruck gegeben. Jedenfalls aber ist es klar, dass es hierbei völlig gleichgiltig ist, ob der Unternehmer eine physische oder juristische Person ist. Vor dem Reichshaftpflichtgesetz konnte sich die Praxis, wenn der Unternehmer eine physische Person war, helfen durch Annahme einer culpa in eligendo s. custodiendo desselben, wie sie dies heute noch da thut, wo das Reichshaftpflichtgesetz nicht ausreicht. War der Unternehmer eine juristische Person, so wusste man der Gerechtigkeit nicht anders Genüge zu thun, als indem man eine besondere Haftbarkeit der juristischen Person zu construiren suchte. Wird sich das positive Recht einmal definitiv von dem Gedanken befreit haben, dass eine Schadensersatzpflicht nur aus einer Verschuldung erwachsen kann, dann werden die Gerichte auch nicht mehr in Versuchung kommen, auf dem Wege unhaltbarer Fictionen das positive Recht mit der Gerechtigkeit in Uebereinstimmung bringen zu wollen.

Nur *ein* Ausnahmefall ist zu erwähnen, in welchem einzelne neuere Particulargesetze zu dem mittelalterlichen Prinzip der Haftung einer Gemeinschaft für die rechtswidrigen Handlungen ihrer Angehörigen zurückgekehrt sind. Allerdings ist dies nicht mit dem Bewusstsein geschehen, dass dadurch ein mittelalterliches Rechtsprinzip wieder in das Leben eingeführt werde, sondern es geschah, indem man der französischen Revolution ein Gesetz entlehnte. In Frankreich hatte sich seit dem Mittelalter der Grundsatz erhalten, dass Städte und Landgemeinden zum Ersatz des Schadens verpflichtet seien, welcher bei einem Aufruhr oder einer Zusammenrottung ihrer Bürger verübt worden ist. Im 17. und 18. Jahrhundert ward diese Haftpflicht der Gemeinden durch königliche Verordnungen mehrfach erneuert.[1] Dieses Prinzip hielt auch die französische Revolution fest. Die durch sie herbeigeführte Desorganisation der Verwaltung übte ihre Wirkungen. Die Behörden konnten der Aufstände, Gewaltthätigkeiten, Zusammenrottungen in den Städten und auf dem platten Lande, die seit dem Sommer 1789 den grössern Theil Frankreichs in Verwirrung stürzten, nicht Herr werden. Die Nationalversammlung beschloss desshalb schon im Februar 1790 ein Gesetz, welches die Gemeinden verantwortlich erklärte für allen Schaden, der bei einer Zusammenrottung verübt werde, wenn sie die letztere hätte verhindern können.[2] In zahlreichen Gesetzen der folgenden Jahre ward dieser Grundsatz wiederholt, jedoch ohne die zuletzt angeführte Beschränkung.[3] Alle diese bisherigen Bestimmungen vereinigte der Convent in den letzten Tagen seiner Existenz in dem Gesetz vom 10. Vendémiaire des Jahres IV (2. October 1795), das noch heute in Kraft steht. Das Gesetz war in erster Reihe für Paris berechnet, wo ein neuer Aufstand auszubrechen drohte, ein Aufstand, den freilich das Gesetz nicht verhinderte, sondern den General Buonaparte am 13. Vendémiaire mit Kartätschen niederwarf. Das Gesetz erklärte die Gemeinde für unbedingt schadensersatzpflichtig,

---

[1] S. z. B. Königliche Deklaration vom 8. Januar 1640, Ordonnanz von 1670, Tit. 21; Edict von 1667; Deklaration vom 3. Januar 1775. Vgl. hierüber und über das folgende *mein* Buch über die Verwaltung des Generalgouvernements im Elsass (1874) S. 82 u. ff.

[2] Gesetz vom 23—26. Februar 1790, Art. 3—5.

[3] Dekret vom 2—3. Juni, 6—12. October 1790; vom 27. Juli 1791 Art. 3; vom 26. September 1791; vom 15—23. Juli 1792; vom 5. März 1793; vom 16. Prairial III.

selbst dann, wenn sie den Nachweis zu liefern vermag, dass sie den Aufstand u. s. w. oder den Schaden nicht zu verhindern vermochte.[1]

Nach den Jahren 1848 und 1849 suchten einige deutsche Staaten durch Aufnahme der wesentlichen Bestimmungen des französischen Gesetzes sich für künftige Zeiten einen stärkern Schutz gegen aufrührige Bewegungen zu verschaffen und durch die Verantwortlichkeit der Gemeinden die Mittel des Widerstands gegen Aufruhr u. s. w. zu vermehren.[2] Doch müssen wir es uns hier versagen, des Nähern auf diese Gesetze einzugehen, da sie weder von der Haftpflicht des Staats noch von der Haftpflicht der Gemeinden für rechtswidrige Handlungen oder Unterlassungen ihrer Organe und Beamten handeln, sondern die Gemeinden für Handlungen der Bevölkerung verantwortlich machen.

---

[1] Vgl. über das Gesetz, dessen Auslegung im Einzelnen nicht unbestritten ist: *Féraud-Giraud* in der Revue de Législation et de Jurisprudence (1852) II, 322—358; *Sourdat*, Traité de la responsabilité II, 338—394; *Aubry* et *Rau*, Cours de droit civil IV, 762 sq.

[2] Preussen, Gesetz vom 11. März 1850 (Nassau, Gesetz vom 15. Juli 1848); Bayern vom 12. März; Anhalt-Bernburg vom 24. März 1850; Braunschweig, Städte-Ordnung vom 19. März 1850 § 165 u. ff.; Oestreich, Gemeindegesetz § 37.

VII.

Haftbarkeit des Staats aus rechtswidrigen Handlungen seiner Beamten nach öffentlichem Recht.

Als Fiscus tritt der Staat gleichberechtigt und gleichverpflichtet in den Rechtsverkehr der Privatpersonen ein. Er unterwirft sich selbst der Herrschaft des Privatrechts. Die Frage, ob und inwieweit er aus den Handlungen seiner Beamten, die ihn als Fiscus zu vertreten haben, haftbar wird, beantwortet sich desshalb allein aus dem Privatrecht. Der Staat als Fiscus steht den andern juristischen Personen gleich.

Die Grundsätze des Privatrechts können aber dann nicht zur Anwendung kommen, wenn der Staat nicht als Fiscus sich den Privatpersonen gleichstellt und in dem Verkehr mit ihnen nicht als Subject von Privatrechten und Pflichten erscheint. In der Ausübung der Staatsgewalt tritt der Staat als höchste Gewalt den Gewaltunterworfnen gegenüber, die seinem Willen zu gehorchen verpflichtet sind. Auch die Privatrechte der Einzelnen bilden keine Schranke der Staatsgewalt. Sie können durch Gesetze abgeändert und aufgehoben werden. Aber auch der Staat als Inhaber der Staatsgewalt kann nur einen Willen erzeugen und einen Willen bethätigen durch physische Personen, die als seine Organe und Beamte functioniren. Ihr Wille und ihre Handlungen gelten als Wille und als Handlungen des Staats, sofern sie den durch die Verfassung, die Gesetze, die Verordnungen u. s. w. ihnen gegebnen Vollmachten gemäss einen Willen erzeugen und bethätigen, mit andern Worten, sofern sie innerhalb ihrer Zuständigkeit das ihnen anvertraute Amt ausüben. Weil die Privatrechte der Einzelnen keine Schranke der Staatsgewalt bilden, kann auch der von den Organen und Beamten des Staats erzeugte und bethätigte Staatswille in die Privatrechtssphäre der Einzelnen eingreifen; in dem Rechtsstaat freilich nicht nach Willkür des Einzelnen, selbst wenn derselbe das höchste Organ des Staats, d. h. in Monarchien der Monarch ist. Der in Gesetzesform erlassene Wille des Staats setzt die Voraussetzungen und Formen fest, unter denen allein ein solcher Eingriff in die Privatrechte der Einzelnen erfolgen darf. Soweit aber die Organe und Beamten diesen gesetzlichen Bestimmungen gemäss handeln, sind ihre Handlungen rechtmässige, selbst wenn dadurch den Einzelnen ein Vermögensschaden zugefügt wird. Ob der Staat für solche durch rechtmässige Handlungen seiner Organe verursachten Beschädigungen den Privatpersonen eine Entschädigung nach allgemeinen Prinzipien gewähren soll und nach positivem Recht zu gewähren hat, ist eine von der hier behandelten wohl zu unterscheidende Frage.[1] Der Staat kann durch seine Gesetzgebung bestehende Privatrechte aufheben oder abändern. Er kann durch seine Gesetze seinen Organen die Befugniss und damit zugleich die Pflicht ertheilen, unter bestimmten Voraussetzungen Privatrechte zu verletzen. Er kann seinen Organen die Ermächtigung ertheilen, innerhalb bestimmter Grenzen nach eignem Ermessen darüber zu entscheiden, ob sie eine Privatrechte verletzende Massregel zu ergreifen für nothwendig erachten. Er kann innerhalb bestimmter Grenzen die Entscheidung ihnen überlassen, ob sie in Ausübung ihres Amtes thätig werden müssen, um eine die Privatrechte der Einzelnen bedrohende Gefahr abzuwenden. In allen diesen Fällen sind die Handlungen und Unterlassungen der Organe des Staats nicht rechtswidrig, so lange letztere sich innerhalb der vom Gesetz gezognen Grenzen halten, selbst wenn ihr Verhalten unzweckmässig war oder sie eine unnöthige Massregel ergriffen haben. So lange nicht der Nachweis geführt ist, dass sie mit rechtswidriger Arglist oder Fahrlässigkeit gehandelt haben, ist die in diesen Fällen verursachte Beschädigung keine rechtswidrige. Selbst wenn der Be-

---

[1] Diese beiden Fragen werden häufig nicht scharf von einander gesondert, so insbesondere nicht in der Abhandlung von *Dreyer* über die Verpflichtung des Staats aus den Handlungen seiner Beamten, in der Zeitschrift für französisches Civilrecht IV (1874) S. 383—404.

amte aus Irrthum oder übertriebner Aengstlichkeit eine unnöthige Massregel ergriffen hat, ist dieselbe nicht rechtswidrig, wenn der Beamte sich innerhalb der Schranken der Gesetze gehalten hat. Ist z. B. Jemand in Untersuchungshaft längere Zeit gehalten worden, von dem sich später herausstellt, dass er völlig unschuldig ist, so war doch die Verhängung der Untersuchungshaft nicht rechtswidrig, wenn sie nur nach Massgabe der Gesetze erfolgt ist. Der Feldherr, der zur Vertheidigung des Landes Häuser niederreissen, Wälder abholzen lässt, begeht keine rechtswidrige Handlungen, selbst wenn sich später herausstellt, dass die Voraussetzungen, die ihn dabei leiteten, unrichtig waren u. s. w. Es soll hier weder in eine Erörterung der prinzipiellen Frage, ob der Staat in diesen Fällen eine Entschädigung gewähren soll, noch in eine Vorstellung der über eine solche Schadensersatzpflicht bestehenden positiven Rechtssätze eingegangen werden; es handelt sich für uns nur darum, das Gebiet unserer Untersuchung von benachbarten Gebieten abzusondern.[1] Wir haben es nur zu thun mit Beschädigungen, welche durch *rechtswidrige* Handlungen und Unterlassungen der Beamten dritten Personen zugefügt worden sind. Ehe wir in die Untersuchung dieser Frage selbst eintreten, sei die Bemerkung vorausgeschickt, dass es sich hierbei nicht allein um die Haftung des Staats für die unmittelbaren Staatsbeamten handelt, sondern dass die Frage auch die Haftung der Gemeinden, Kreise, Provinzen, überhaupt der öffentlich rechtlichen Korporationen umfasst, soweit denselben die Ausübung von öffentlich rechtlichen Functionen anvertraut ist. Soweit dies der Fall ist, sind sie Organe des Staats, die staatliche Rechte ausüben, die aber als selbständige juristische Personen constituirt sind. Das Verhältniss der Beamten zu ihnen ist prinzipiell ganz dasselbe, wie das Verhältniss der Beamten zu dem Staate. Hat der Staat für seine Beamten zu haften, so haben die Gemeinden u. s. w. für ihre Beamten zu haften. Die Gemeinde, der ein Theil der öffentlichen Gewalt zur Ausübung anvertraut ist, hat hierbei nach denselben Grundsätzen zu verfahren, wie der Staat, dessen Organ sie ist. Soweit

---

[1] Desshalb ist auch hier auf Erkenntnisse wie die bei *Seuffert* V, 27, 134; VII, 184; VIII, 50; X, 166; XVIII, 141; XXII, 144 nicht einzugehen.

eine Haftpflicht besteht, hat sie die Haftung allein zu tragen; der Staat kann nicht wieder für sie haftbar gemacht werden, weil sie vermögensrechtlich sowohl auf dem Gebiet des Privat- wie auf dem des öffentlichen Rechts mit eigner, selbständiger Persönlichkeit ausgestattet ist.

Sowohl im gemeinen Recht als in den meisten particularen Rechten fehlt es an ausdrücklichen Rechtsnormen, welche die Haftpflicht des Staats aus rechtswidrigen Handlungen und Unterlassungen, deren sich die Beamten bei Ausübung der staatlichen Functionen schuldig machen, festsetzen. In einzelnen Staaten bestehen zwar Rechtssätze, welche für einzelne Zweige der staatlichen Thätigkeit eine solche Haftpflicht anerkennen und ihre Voraussetzungen regeln. Aber es dürfte keinem Zweifel unterliegen, dass diese Gesetze weder analogisch ausgedehnt werden dürfen auf andere Fälle, da sie sich als singuläre Bestimmungen charakterisiren, noch dass aus ihnen mit einem argumentum e contrario geschlossen werden kann, der Staat hafte in andern Fällen nicht. Denn selbst unter der Voraussetzung, das Prinzip der Haftverbindlichkeit des Staats sei im allgemeinen in der Gesetzgebung anerkannt, könnten doch immerhin spezielle Gesetze für spezielle Fälle diese Haftpflicht des Nähern durch Angabe der Bedingungen ihres Eintritts und ihres Umfanges normiren. Unter diesen Verhältnissen wird es sich zunächst darum handeln, aus der Natur der Verhältnisse selbst zu schliessen und zu prüfen, ob aus derselben mit Nothwendigkeit sich eine Haftpflicht des Staats ableiten lässt, so dass dieselbe als im positiven Recht begründet angesehen werden müsste, selbst wenn ein ausdrücklicher Rechtssatz sie nicht ausgesprochen hätte.

Wie schon erwähnt (S. 2.) spricht sich neuerdings die überwiegende Zahl der Schriftsteller des gemeinen Rechts für die staatsrechtliche Haftpflicht des Staats aus rechtswidrigen Handlungen und Unterlassungen der Beamten aus. Freilich wollen dieselben zum Theil nur eine subsidiäre Haftpflicht annehmen, die nur dann eintrete, wenn der schuldige Beamte den von ihm verursachten Schaden nicht zu ersetzen vermöge. In der Begründung gehen jedoch die Ansichten auseinander. Es lassen sich folgende Theorien unterscheiden:

1) *B. W. Pfeiffer*, der zuerst, wie erwähnt, mit voller Ent-

schiedenheit mit der früher herrschenden privatrechtlichen Anschauungsweise gebrochen und die Lösung der Frage auf das Gebiet des Staatsrechts verwiesen hat, gründet die Haftpflicht des Staats auf das Verhältniss der Unterordnung der Staatsangehörigen unter die Staatsgewalt. Die Beamten seien die Vertreter der Staatsgewalt, denen die Staatsangehörigen eben desshalb Gehorsam zu leisten haben. »Fordert der Staat von seinen Unterthanen — und dies kann und muss er von ihnen fordern — dass sie in den von ihm angestellten Beamten seine Abgeordneten erkennen und sich deren Amtsgewalt als delegirter Staatsgewalt ohne Widerrede unterwerfen, so muss er auch einstehen für die Ausübung dieser Gewalt, selbst wenn ihre rechtlichen Schranken durch instructionswidrige Handlungen oder sonstigen Missbrauch der anvertrauten Gewalt überschritten wurden; denn er gestattet dem Einzelnen nicht und kann ihm nicht gestatten, selbst zu prüfen, ehe er Folge leistet, und den Gehorsam zu verweigern, wenn er die Handlung der Staatsbeamten für einen Missbrauch ihrer Amtsgewalt hält.« Auch der Einwand, dass Beamte, welche rechtswidrig handeln, nicht mehr die ihnen anvertraute Staatsgewalt ausüben, sei nicht stichhaltig. Es komme lediglich darauf an, ob dem Beamten im allgemeinen ein so grosser Antheil an der Ausübung der Staatsgewalt übertragen worden sei, dass er vermittels desselben denjenigen Zwang gegen den verletzten Staatsbürger anwenden könne, welcher diesen zur Entschädigungsklage veranlasse.[1] Nur in Bezug auf *die rein richterlichen Functionen* und die durch deren rechtswidrige Ausübung verursachten Beschädigungen will *Pfeiffer* eine Ausnahme machen. Die Selbständigkeit und Unabhängigkeit des Richteramts sei verfassungsmässig garantirt. Die durch einen Richter in Ausübung *seines Richteramtes* begangnen Rechtsverletzungen seien also nicht auf das Staatsoberhaupt oder seine unmittelbaren Organe zurückzuführende Verletzungen. Das Staatsoberhaupt, das keinen Einfluss auf die Ausübung der richterlichen Functionen nehmen könne, sei auch für die dabei begangnen Rechtsverletzungen nicht verantwortlich zu machen. Uebrigens böten auch die Rechtsmittel dem Verletzten die

---

[1] Practische Ausführungen II, 369 u. ff. Vgl. auch III, 383 u. ff.

Handhabe, um den drohenden Nachtheil abzuwenden. Mache derselbe davon keinen Gebrauch, so befände er sich in propria culpa und könne dann selbstredend nicht einen Schadensersatz verlangen.[1] Es bedarf keiner nähern Ausführung, dass, wenn man das von *Pfeiffer* aufgestellte allgemeine Prinzip als richtig anerkennt, die beiden Gründe, welche von ihm für die eben angegebne Ausnahme angeführt werden, nicht zutreffen. Der erste Grund verwechselt den Staat mit dem Staatsoberhaupt und will, im Gegensatz zu dem eignen allgemeinen Prinzip, die Haftpflicht wieder zurückführen auf eine mittelbare oder unmittelbare culpa des Regenten. Der zweite Grund übersieht, dass es richterliche Amtshandlungen gibt, die einen auch durch Anwendung etwaiger Rechtsmittel nicht wieder gutzumachenden Schaden herbeiführen. Soweit dies nicht der Fall ist, wäre jedenfalls eine Schadensersatzklage erst dann statthaft, wenn ein Rechtsmittel nicht mehr zu Gebote steht.[2] Ist das allgemeine Prinzip richtig, dann muss es auch auf richterliche Amtshandlungen, wie auf Handlungen der Verwaltungsbehörden Anwendung finden. Aber die Richtigkeit des Prinzips ist nicht anzuerkennen. Wäre auch durch das positive Recht des Landes ein unbedingter Gehorsam der Staatsangehörigen gegenüber von allen Befehlen und Handlungen gefordert, die der Beamte als Beamter erlässt und vollzieht, so würde es doch höchstens eine Forderung der Gerechtigkeit sein, dass der Staat auch die Haftung für alle rechtswidrige Befehle und Handlungen seiner Beamten übernehme; es könnte aber nicht ohne Weiteres angenommen werden, dass diese Forderung in das positive Recht Aufnahme gefunden hätte. Es wäre immer erst nachzuweisen, dass ein positiver Rechtssatz, der eine solche Haftpflicht des Staats anerkennt, existire. Diesen Nachweis hat *Pfeiffer* nicht geliefert. Indess auch die Voraussetzung, von der er ausgeht, war zu allen Zeiten in den deutschen Staaten und ist noch heute im deutschen Reich nicht vorhanden. Es war niemals in Deutschland geltendes Recht, dass der Unterthan zu einem unbedingten, blinden Gehorsam gegen alle, auch die rechtswidrigen Befehle und Hand-

---

[1] A. a. O. II, 363 u. ff.

[2] Vgl. *Zachariae* S. 637 u. ff.

lungen der Obrigkeit verpflichtet sei. Selbst Diejenigen, welche jeden thätlichen Widerstand ... gegen einen Staatsbeamten, der in Ausübung seines Amtes begriffen ist, für strafbar erklärten, gestanden doch zu, dass der sogenannte passive Widerstand gegen ungesetzliche Befehle erlaubt sei, dass Niemand verpflichtet sei, widerrechtlichen Befehlen oder den Befehlen einer incompetenten Behörde Gehorsam zu leisten.[1] Es würde sich also aus der Theorie *Pfeiffer's* nur die Folgerung ziehen lassen, dass die Gerechtigkeit eine Haftpflicht des Staats insoweit verlange, als der Staat einen unbedingten Gehorsam gegenüber den Befehlen der Obrigkeit von seinen Angehörigen fordere. Ob und inwieweit der Staat auch haftpflichtig zu erklären sei aus rechtswidrigen Unterlassungen seiner Beamten, wird von *Pfeiffer* nicht erörtert und lässt sich aus dem von ihm aufgestellten Prinzip nicht beantworten.

2) Die Praxis der *kurhessischen Gerichte*, an die *Pfeiffer* in seinen Practischen Ausführungen zunächst anknüpfte, nahm, wie schon früher erwähnt wurde (S. 45), eine Haftpflicht des Staats aus rechtswidrigen Handlungen der Staatsbeamten an und dehnte in der Folgezeit die Haftpflicht aus, indem sie den Staat auch für ersatzpflichtig erklärte für den Schaden, der durch *rechtswidrige Unterlassungen* seiner Beamten entsteht. Zur Begründung reichte aber die *Pfeiffer'sche* Theorie nicht aus. Das Oberappellationsgericht zu Cassel musste mit ihr ein anderes, umfassenderes Prinzip verbinden. Es fand dies in der Verpflichtung des Staats allen Angehörigen Schutz zu ertheilen. Aus dieser Verpflichtung entspringe der Anspruch der Staatsangehörigen, welche durch rechtswidrige Verabsäumung dieser Pflicht Schaden erlitten haben, auf Ersatz dieses Schadens. Zwar habe zunächst nicht der Staat, sondern der Beamte seine Amtspflichten verletzt. Aber weil der Beamte als Organ des Staats sich darstelle, müsse die Verbindlichkeit zum Schadensersatz als auf den Staat übertragen be-

[1] Selbst *Gönner,* der am entschiedensten die Ansicht vertheidigte, dass selbst die Unzuständigkeit einer Behörde oder die Rechtswidrigkeit eines Befehls eine thätliche Widersetzung gegen die Obrigkeit nicht rechtfertige und nicht straffrei mache, muss doch den passiven Widerstand gegen rechtswidrige Befehle der Behörden für zulässig erachten und gestehen, dass man denselben ungestraft den Gehorsam verweigern könne (Anmerkungen zum bayerischen Strafgesetzbuch von 1813, III, 52).

trachtet werden. Voraussetzung der Ersatzverbindlichkeit sei demnach immer ein besonderes Verschulden eines Beamten, dessen Umfang nach der Beschaffenheit der dem Beamten zu Gebote gestandenen Anstalten und Einrichtungen mit Rücksicht auf den Umstand zu bemessen sei, dass der Beamte zunächst nur für die Förderung des Wohls und die Aufrechthaltung der Sicherheit im Allgemeinen zu sorgen habe, und dass es nur eine untergeordnete Pflicht sei, für die Einzelnen speziell Vorsorge zu treffen. [1]

Dieser Ansicht schloss sich auch die Berliner juristische Fakultät in einem im Jahre 1848 von *Heffter* verfassten Gutachten an. Darnach haftet der Staat nicht etwa als Gewährsmann oder Bürge für die Handlungen und Unterlassungen seiner Diener, sondern weil er seine Verbindlichkeiten in Betreff der individuellen Wohlfahrt seiner Angehörigen mittels der dazu bestimmten Organe nicht gehörig erfüllt habe. Es sei dies ein völlig selbständiger Rechtsgrund einer Klage, die selbst mithin ohne Weiteres zulässig sei. [2] Indess ruht auch diese Theorie auf theils unerwiesenen, theils nachweisbar falschen Voraussetzungen. Allerdings hat der Staat die Aufgabe einen gesicherten Rechtszustand zu verwirklichen. Darin liegt, wenn auch nicht ausschliesslich, der Staatszweck. Aber auch wenn der Staat dies anerkennt, so hat er damit sich doch nicht die gesetzliche Verpflichtung allen Einzelnen gegenüber auferlegt, für die Erfüllung dieser Aufgabe einzustehen, wie etwa dem Schuldner gegenüber dem Gläubiger die Verpflichtung obliegt, die vertragsmässige Leistung zu erfüllen. Doch selbst wenn dies der Fall wäre, so wäre damit noch nicht erwiesen, dass der Staat zu haften hätte, wenn seine Beamte durch ihre Verschuldung den Staatsangehörigen einen Schaden zufügen. Damit dass die Beamten als Organ des Staats bezeichnet werden, ist noch nichts über die Haftpflicht des Staats für die Beamten erwiesen. Dieselbe könnte nur gegründet werden entweder

---

[1] Erkenntnisse vom 24. März 1847 und 2. August 1849. Darnach haftet der Staat für Ersatz des bei Störungen der öffentlichen Ruhe zugefügten Schadens, wenn die Nichtabwendung der Beschädigung ihren Grund in schuldvoller Unthätigkeit des Beamten hatte. *Strippelmann*, Neue Sammlung bemerkenswerther Entscheidungen Th. IV, Abth. I, S. 285 u. ff.; insbes. S. 307 u. ff.; Th. VI, 251 u. ff. Auszugsweise beide Urtheile auch bei *Seuffert*, Archiv II, 54, III, 326.

[2] *Heffter* im Archiv des Criminalrechts 1851 S. 446 u. ff., bes. S. 458.

darauf, dass der Staat absolut zur Herstellung eines gesicherten Rechtszustands verpflichtet wäre und für jede Störung und jede daraus entspringende Beschädigung schadensersatzpflichtig wäre, nicht blos für diejenige, die durch eine Verschuldung der Beamten verursacht worden ist — ein Satz, der keiner Widerlegung bedarf — oder aber darauf, dass der Staat für culpa bei Anstellung oder Beaufsichtigung der Beamten haftbar wäre, womit man dann zu der alten privatrechtlichen Theorie zurückgekehrt wäre. Selbstredend kann der Staat als Inhaber der Staatsgewalt so wenig eine culpa begehen, wie der Staat als Fiscus. In allen Fällen können sich nur physische Personen einer culpa schuldig machen.

3) Die bisher besprochnen Theorien gelangten zur Annahme einer unmittelbaren Schadensersatzpflicht des Staats, die durch die Verschuldung des Beamten gegeben sei, die nicht erst dann eintrete, wenn der Verletzte von dem schuldigen Beamten einen Ersatz nicht erhalten könne. *Zachariae* in der mehrfach angeführten Abhandlung dagegen will nur eine *Burgschaft, eine Garantieleistung des Staats* dafür annehmen, dass der Unterthan nicht durch das Prinzip der Staatsordnung selbst benachtheiligt werde. Es lasse sich hieraus rechtlich nur eine *subsidiäre Haftpflicht des Staats* ableiten; es gehöre mithin zur Begründung der Klage auf Schadloshaltung gegen den Staat, dass der Verletzte von dem Beamten, in dessen Handlung oder Unterlassung der Schaden seinen Grund habe, keinen Ersatz erlangen könne. Nur ausnahmsweise müsse der Staat als Selbstschuldner haften und könne die Klage auch direkt gegen ihn gerichtet werden. Die subsidiäre Haftpflicht des Staats sucht er durch zwei Gründe zu erweisen: a) Es sei ein aus dem Wesen der Staatsordnung selbst entspringender Grundsatz, dass sich die Unterthanen den Verfügungen und Befehlen der Staatsbehörden zu fügen haben. Auch wenn man zugeben könne und müsse, dass die Pflicht des bürgerlichen Gehorsams ihre rechtlichen Grenzen habe und dass der Ungehorsam gegen offenbar rechtswidrige Befehle kein Verbrechen sei, dass vielmehr der gewaltsame Widerstand gegen zwangsweise Ausführung derselben innerhalb der Grenzen einer rechten Nothwehr als straflos zu betrachten sei, so werde man doch einerseits zu berücksichtigen haben, dass faktisch jeder Widerstand ausgeschlossen sein könne, und andererseits, dass man den Unterthan ohne die grösste Ungerechtig-

keit nicht darunter leiden lassen dürfe, wenn er sich der Gewalt gefügt und keinen Widerstand dagegen versucht habe.

b) Wo die Beamten als Organe des Staats handeln und von der ihnen übertragenen Amtsgewalt für staatliche Zwecke Gebrauch machen, müssten ihre Handlungen rechtlich als Handlungen des Staats betrachtet werden. Dies müsse man auch da anerkennen, wo der Schutz der Unterthanen gegen widerrechtliche Verletzungen durch Beamte bei Ausübung ihrer Amtsgewalt in Frage sei.[1]

Zunächst ergibt sich, dass, wenn diese Gründe richtig und ausreichend zur Begründung der Haftpflicht des Staats wären, aus ihnen nicht eine subsidiäre, sondern eine direkte Haftung des Staats folgen würde. Wenn *Zachariae* erklärt, *durch* die Handlung oder Unterlassung des Beamten würde erst eine Verpflichtung für den Staat begründet und desshalb habe diese Verpflichtung *offenbar* nur die Natur einer Garantieleistung, so lässt sich der logische Zusammenhang dieser Sätze nicht erkennen. Hat doch *Zachariae* selbst unmittelbar vorher gesagt, die Handlungen der Beamten müssten als Handlungen des Staats betrachtet werden! Ist das richtig, so ist offenbar daraus nicht eine *subsidiare*, sondern eine *directe* Haftpflicht des Staats abzuleiten. Sehen wir aber hiervon ab und prüfen wir, inwieweit die angegebenen Gründe ausreichen, um die Haftpflicht des Staats aus rechtswidrigen Handlungen und Unterlassungen der Beamten zu erweisen! *Zachariae* selbst gesteht zu und hat es in andern verdienstvollen Abhandlungen mit seiner bekannten Gelehrsamkeit und Umsicht erwiesen, dass nach dem Staats- und Strafrecht Deutschlands und seiner Einzelstaaten ein Widerstand der Staatsangehörigen gegen rechtswidrige Befehle und Massregeln der Beamten nicht strafbar ist, dass kein blinder Gehorsam verlangt wird.[2] Erkennt das Recht aber dem Einzelnen die Befugniss zu, gesetzwidrigen Befehlen und Anordnungen thätlichen Widerstand oder wenigstens passiven Widerstand entgegenzusetzen, so gibt es ihm damit auch die Befugniss, ja die Verpflichtung zu prüfen, ob der Befehl rechtmässig ist oder nicht. Dann aber kann der Staat nicht, wenigstens nicht auf Grund der Unterordnung der Einzelnen unter die Staats-

---

[1] *Zachariae* a. a. O. S. 630 u. ff.

[2] Archiv des Criminalrechts 1843 S. 344—376; Gerichtssaal I (1857) S. 421 u. ff.

gewalt und der Pflicht der Einzelnen zum Gehorsam gegen die Staatsgewalt zum Ersatz des Schadens verpflichtet sein, der den Unterthan nur desshalb getroffen hat, weil er, ohne dazu verpflichtet zu sein, einem rechtswidrigen Befehl Gehorsam geleistet hat. Freilich können Fälle vorkommen, wo factisch jeder Widerstand ausgeschlossen ist und der Einzelne der Uebermacht weichen muss. Auch ist nicht zu verkennen, dass in solchen Fällen der rechtswidrig handelnde Beamte die Mittel zu dem Gewaltact dadurch erhalten hat, dass von dem Staat ihm eine Amtsgewalt anvertraut worden ist. Aber darin allein liegt kein zwingender Grund, den Staat haftbar zu erklären für den Missbrauch, den der Beamte mit den ihm anvertrauten Machtmitteln treibt. Darüber herrscht keine Verschiedenheit der Ansichten, dass der Staat niemals haftet für rechtswidrige Handlungen, welche der Beamte zwar mit den ihm kraft seines Amtes zustehenden Machtmitteln ausführt, die er aber nicht in seiner Eigenschaft als Beamter begeht. Wenn ein Sicherheitsbeamter z. B. unter Missbrauch seiner Amtsgewalt eine Erpressung begeht, so ist zweifellos der Staat nicht schadensersatzpflichtig.[1] Und doch bedient der Beamte sich auch hier der vom Staat anvertrauten Machtmittel, um eine rechtswidrige Handlung auszuführen. Darin allein kann also ein Grund der Haftpflicht des Staats nicht liegen. Wer Jemanden ein Gewehr zum Jagdgebrauch leiht, ist nicht verantwortlich für den Schaden, den derselbe doloser oder culposer Weise mit dem Gewehr auf der Jagd anrichtet. Ebensowenig kann der Staat *daraus*, dass er einem Beamten eine Amtsgewalt überträgt, haftbar werden für den damit geübten Missbrauch, selbst wenn der Missbrauch in Ausführung einer Amtsfunction stattgefunden hat.

Endlich würde aus dem eben besprochenen Grund, selbst wenn er richtig wäre, keine Verpflichtung des Staats zum Ersatze des Schadens herzuleiten sein, der durch rechtswidrige Unterlassungen des Beamten entstanden ist, während *Zachariae* auch für diesen Fall die subsidiäre Haftungsverbindlichkeit des Staats behauptet.[2] Hier kommt die Gehorsamspflicht der Staatsangehörigen gar nicht in

---

[1] *Zachariae,* Zeitschrift S. 616 u. ff.

[2] A. a. O. S. 642 u. ff.

Betracht. Der Satz, dass die Unterlassung, wenn sie rechtswidrig ist, der positiven Handlung ganz gleich stehe,[1] auf den sich *Zachariae* beruft, findet hier keine Anwendung, da von *Zachariae* die Haftpflicht nicht sowohl aus der Rechtswidrigkeit der Handlung des Beamten, als aus der Pflicht der Staatsangehörigen zum Gehorsam hergeleitet wird. Man kann wohl einem Befehl oder einer Anordnung, nicht aber einer Unterlassung gehorsam sein.

Doch fügt *Zachariae* als weiteren Grund der Haftpflicht hinzu, dass die Amtshandlungen der Beamten als Handlungen des Staats zu betrachten seien, ohne dass er diesen Gedanken jedoch des Näheren ausführte. Die spätern Schriftsteller haben theils den erstern Grund für hinreichend gefunden, theils haben sie die Haftpflicht des Staats ausschliesslich auf den zweiten Grund zu stützen gesucht. Zu jenen gehört insbesondere *v. Gerber*, der im Wesentlichen die Argumente *Zachariae's* sich aneignet.[2] Wenn *Gerber* zu der Fiction einer stillschweigenden Uebernahme einer subsidiarischen Garantie Seitens des Staats greift, so hat er es doch versäumt, die Berechtigung einer solchen Annahme nachzuweisen. Denn dieser Nachweis dürfte durch die Bemerkung, dass das Publikum mit den Beamten verkehren muss, nicht erbracht sein. Durch diese Nöthigung ist nicht die rechtliche Möglichkeit, dass der Einzelne rechtswidrige Befehle der Beamten durch thätlichen oder passiven Widerstand zurückweist, ausgeschlossen. Soweit aber selbst eine derartige rechtliche Möglichkeit ausgeschlossen ist, würde sich aus der Gehorsamspflicht nur als eine Forderung der Gerechtigkeit die Haftpflicht des Staats ergeben; nicht würde damit erwiesen sein, dass der Staat auch stillschweigend diese Forderung der Gerechtigkeit als eine ihm rechtlich obliegende Verpflichtung anerkennt.[3]

---

[1] L. 189 D. de verb. signif. 50, 16; L. 121 D. de reg. jur. 50, 17.

[2] *v. Gerber,* Grundzüge S. 207: »In der Aufstellung eines mit öffentlicher Autorität bekleideten Beamten und der Nöthigung des Publicums mit ihm als Vertreter der Obrigkeit zu verkehren, liegt die stillschweigende Uebernahme einer subsidiarischen Garantie für die durch pflichtwidrige Ausübung der ihm anvertrauten Amtsbefugniss oder Vernachlässigung seiner amtlichen Pflichten entstandenen Forderungen.«

[3] An *Zachariae,* lehnt sich auch das Gutachten von *v. Kissling,* VIII. Juristentag I, 388 u. ff. Er formulirt seine Ansicht dahin, dass der Einzelne mit

4) Dass der Staat haftpflichtig sei, *weil die Handlungen seiner Beamten als seine Handlungen zu betrachten seien,* wird in neuster Zeit insbesondere von Schriftstellern des Privatrechts, die unsere Frage erörtern, als die theoretisch allein richtige Begründung der Haftpflicht angenommen. Sowohl Romanisten, wie *Seuffert* und *Windscheid,* als auch Germanisten, wie *Roth* und *Stobbe,* sprechen sich dahin aus, dass da, wo der Beamte als Organ des Staats die staatsrechtlichen Befugnisse des Staats ausübe und durch unrechtmässiges oder sorgloses Handeln oder durch pflichtwidriges Unterlassen einem Andern einen Schaden zufüge, der Staat direkt, nicht blos subsidiär ersatzpflichtig werde. Da der Staat nur durch den Beamten thätig werde, so hafte er eigentlich nicht für fremde, sondern für seine eignen Handlungen. [1] Doch weichen die angeführten Schriftsteller wiederum in Bezug auf den Umfang der Haftpflicht von einander ab. *Windscheid* hält dieselbe nur unter der Voraussetzung für begründet, dass der Beamte innerhalb seiner Competenz thätig geworden sei. [2] *Stobbe* erachtet es für genügend, wenn der Beschädigte anzunehmen berechtigt war, dass der Beamte innerhalb seiner Competenz auftrete. Nach *Seuffert* und *Roth* dagegen kommt es gar nicht in Betracht, ob der Beamte sich innerhalb der Grenzen des ihm angewiesenen Wirkungskreises gehalten habe oder nicht, sondern nur darauf, dass er als Beamter und nicht als Privatperson gehandelt habe. [3]

Lassen wir zunächst die letztere Frage bei Seite, so soll nach dieser Theorie der Beamte, der staatsrechtliche Befugnisse des Staats ausübt, in einem andern rechtlichen Verhältniss zu dem Staat stehen als der Beamte, der als Vertreter des Fiscus zu fungiren hat. Der

---

dem Staat oder vielmehr, da der Staat nur eine ideale Persönlichkeit sei, mit den Organen des Staats, d. h. mit den einzelnen Beamten desselben in der Voraussetzung und unter der Bedingung verkehre, dass dort, wo er in Berührung mit dem Staat und seinen Organen trete, auch vollkommen gesetzlich vorgegangen werde (a. a. O. S. 389). Die Mangelhaftigkeit dieser Formulirung braucht kaum hervorgehoben zu werden. Uebrigens spricht sich *Kissling* für primäre Haftpflicht des Staats aus (S. 393 u. ff.).

[1] So *Stobbe,* Handbuch III, 399.

[2] Pandecten § 470 II, 765.

[3] *Seuffert,* Pract. Pandectenrecht § 338 II, 252; *Roth,* Bayerisches Civilrecht § 35 I, 226.

letztere sei, wie *Stobbe* ausdrücklich hervorhebt, *Stellvertreter* einer juristischen Person; der erstere dagegen sei *Organ* des Staats. Indessen ist diese Unterscheidung nicht haltbar. Sie ist eben so unrichtig wie die Ansicht, welche in dem Fiscus eine andere Persönlichkeit erblicken will wie in dem Staat als dem Inhaber der Staatsgewalt. Der Beamte, der den Fiscus vertritt, steht in ganz demselben Rechtsverhältniss zu dem Staat, wie der Beamte, der Hoheitsrechte auszuüben hat. Er hat in beiden Fällen die ihm anvertrauten Amtsfunctionen zu erfüllen, wie denn auch die Amtsfunctionen weitaus der meisten Beamten auf beiden Gebieten liegen. Der Verwaltungsbeamte, der in der einen Stunde einen Lieferungsvertrag für den Staat abschliesst, in der andern Stunde über die zu liefernden Gegenstände zu Verwaltungszwecken verfügt, handelt nicht das eine Mal als *Stellvertreter*, das andere Mal als *Organ* des Staats, sondern in beiden Fällen ist er der Vertreter des Staats, dessen Handlungen für und gegen den Staat ihre rechtlichen Wirkungen erzeugen. Die hier gemachte Unterscheidung von Stellvertreter und Organ des Staats beruht auf einer blossen Fiction, die jeder Begründung entbehrt.[1] Stellvertreter und Organ sind gar keine Gegensätze, sondern die Organe des Staats sind seine Stellvertreter auf dem Gebiet des Privatrechts wie auf dem des öffentlichen Rechts. Will man dem Worte »Organ« eine engere Bedeutung beilegen, so bildet seinen Gegensatz der Begriff des »Beamten« nach der oben S. 11 angegebenen Definition.

Auch von anderem Gesichtspunkt aus ergibt sich die Unrichtigkeit der Anschauung, welche in den Handlungen, auch in den rechtswidrigen Handlungen der Beamten, Handlungen des Staats er-

[1] Das tritt z. B. klar hervor in der freilich an sich nicht sehr klaren Abhandlung von *Dreyer*, Zeitschrift fur franz. Civilrecht IV, 396 u. f.: »Der Staat selbst spricht das Recht, er hat keinen Stellvertreter, welcher dies für ihn besorgt . . . Sobald man davon ausgeht, dass der Richter, welcher in widerrechtlicher Weise einen Angeklagten geschadigt hat, nicht als Bevollmachtigter des Staats, sondern als organischer Theil desselben functionirt hat, so muss die Ersatzpflicht des Staats ausser allem Zweifel stehen.« Dass aber doch der oder die Richter, welche thatsächlich das Urtheil fassen und verkünden, physische Personen sind und dass sie realiter von dem Staate verschieden sind, ist nicht zu läugnen. Und warum soll der Staat, der Verträge abschliesst, dies durch Stellvertreter thun müssen, der Staat aber, der Recht spricht, keinen Stellvertreter haben können, der dies für ihn besorgt?

blicken will. Unstreitig besteht ein den Willen des Staats ausdrückender Rechtssatz, der das Gebot enthält, dass alle Beamten ihre Amtsfunctionen nur nach Massgabe des Rechts ausführen sollen. Wie kann eine Handlung, die rechtswidrig ist und sich also in direktem Widerspruch mit dem höchsten Willen des Staats befindet, als Handlung des Staats selbst angesehen werden? Der Staat verbietet eine Handlung und doch soll die verbotne Handlung *seine Handlung* sein? Selbst wenn man sich der Redeweise bedienen und sagen will, dass die Handlungen des Beamten Handlungen des Staats sind, so könnte damit doch nur ausgedrückt sein, dass die Handlungen, zu welchen der Beamte nach *dem Willen des Staats*, d. h. nach *dem Recht* verpflichtet und berechtigt ist, Handlungen des Staats seien, nicht aber, dass auch *die* Handlungen, welche ihm vom Staate geradezu *verboten* worden sind, als Handlungen des Staats betrachtet werden müssten.

Sind aber die Handlungen des Beamten überhaupt nicht Handlungen des Staats und können am wenigsten die rechtswidrigen Handlungen des Beamten als solche aufgefasst werden, so ergibt sich auch daraus von selbst die Lösung der Frage, ob *nur die* rechtswidrigen Handlungen, welche der Beamte innerhalb seiner Competenz begeht, oder ob auch *diejenigen*, welche er zwar als Beamter, aber ausserhalb der Grenzen des ihm angewiesnen Wirkungskreises ausführt, als Handlungen des Staats anzusehen seien. Denn das ist weder mit den einen noch mit den andern der Fall.

Die Handlungen der Beamten üben ihre rechtlichen Wirkungen für und gegen den Staat aus, sie ersetzen die Handlungen des Staats. Hält man hieran fest, so ist wohl auch der metaphorische Sprachgebrauch erlaubt, welcher die Handlungen der Beamten als Handlungen des Staats bezeichnet. Die auf Gesetz, Verordnung, Verfügung ruhende Vollmacht des Beamten, anstatt des Staats zu handeln, bezeichnet aber auch die Grenzen, innerhalb deren allein sein Handeln das Handeln des Staats ersetzt. Diese Vollmacht geht niemals darauf rechtswidrig zu handeln. Jede rechtswidrige Handlung des Beamten ist eine Handlung gegen seine Vollmacht. Es folgt daraus, dass rechtswidrige Handlungen des Beamten niemals als Handlungen des Staats bezeichnet werden können, so wenig wie im Privatrecht Handlungen des Stellvertreters, die gegen seine Vollmacht gehen, als Handlungen des Bevollmächtigten bezeichnet werden dürfen.

Durch die bisherigen Erörterungen sollte nicht erwiesen werden, dass der Staat *überhaupt* nicht für rechtswidrige Handlungen und Unterlassungen seiner Beamten zu haften habe, wohl aber dürfte sich aus denselben ergeben, dass die *bisherigen Theorien*, welche die Haftpflicht des Staats nach allgemeinen Prinzipien zu begründen suchen, ihr Ziel *nicht* erreicht haben.

Andererseits muss aber zugestanden werden, dass die gegen das Prinzip der Haftpflicht des Staats ins Feld geführten Gründe zum Theil unrichtig sind, zum Theil nur eine Seite der Frage berücksichtigen und desshalb einen vollen Beweis nicht erbringen. Wenn z. B. v. *Rönne* die Haftpflicht des Staats desshalb läugnet, weil der *Staat als solcher* niemals gegen Privatpersonen Verbindlichkeiten übernehmen könne, der *Fiscus* aber in Beziehung auf die Organe der *Staatsgewalt* ein Dritter sei, der noch weniger für deren Handlungen oder Unterlassungen zu haften habe, so ist der Vordersatz ebenso unrichtig, wie es unrichtig ist Staat und Fiscus als zwei verschiedne, von einander getrennte Persönlichkeiten zu denken. [1]

Bluntschli macht gegen die Theorie, welche in den Handlungen der Beamten Handlungen des Staats sieht, mit vollem Recht geltend, dass aus der *repräsentativen Bedeutung* des Amtes noch nicht die Ersatzpflicht des repräsentirten Staats für *ungehörige* Handlungen und Unterlassungen seiner Repräsentanten folge. Es entspreche allerdings der Grundgedanke der *repräsentativen* Bedeutung aller öffentlichen Aemter der modernen Staatsansicht, welche sowohl auf die Einheit der Staatsgewalt einen entscheidenden Nachdruck lege, als auch den öffentlichen Pflichtcharakter aller Aemter betone. Diese repräsentative Bedeutung begründe zwar die Amtspflicht und die Wirksamkeit der Amtshandlung für Jedermann; aber sie erkläre nicht die Verletzung der Amtspflicht und ändere nicht den natürlichen Rechtsgrundsatz, dass, wer ein Delict verübe, persönlich für Schadensersatz hafte, aber nicht ein Anderer für ihn, auch nicht die Person, welche er im Uebrigen repräsentire. [2] Der

---

[1] Staatsrecht der Preuss. Monarchie II a. S. 520.

[2] S. das angeführte Gutachten S. 49 u. f.

von *Bluntschli* hieraus gezogne Schluss, dass also eine Schadensersatzpflicht des Staats prinzipiell nicht zu begründen sei, beruht aber auf dem unbewiesenen Axiom, dass nach natürlichen Rechtsgrundsätzen eine Verpflichtung zum Schadensersatz nur einem Delict entspringen könne. Da indess dieses Axiom als unrichtig zurückgewiesen werden muss, so wird auch der darauf aufgebaute Beweis hinfällig, dass es für eine Haftpflicht des Staats zwingende Rechtsgründe nicht geben *könne* und höchstens in einzelnen Fällen aus Billigkeitsrücksichten eine Entschädigung vom Staate zu gewähren sei.[1] — Wenn und soweit also eine Haftpflicht des Staats anzunehmen sein wird, wird dieselbe auf besondern Rechtsgründen zu ruhen haben, die weder in dem repräsentativen Charakter des Amtes noch in einer Verschuldung des Staats enthalten sein können. Ist das erstere richtig, dass der repräsentative Charakter des Amtes allein den Staat nicht verpflichtet, für die rechtswidrigen Handlungen der Beamten einzustehen, so wird daraus auch gefolgert werden müssen, dass es überhaupt eine *allgemeine Beantwortung der Frage nicht gibt.* Es gibt keinen Rechtsgrund, nach welchem der Staat haftbar zu erklären wäre für *alle* rechtswidrigen Handlungen oder Unterlassungen, deren sich seine Beamte in Ausübung ihrer amtlichen Functionen schuldig machen. Aber es gibt auch keinen Rechtsgrund, welcher allgemein die Haftpflicht des Staats für einzelne Kategorien von rechtswidrigen Handlungen oder Unterlassungen seiner Beamten *ausschlösse.* Der Rechtsgrund der Haftpflicht des Staats, soweit eine solche anzunehmen ist, liegt *nicht* in dem *Verhältniss des Staatsamtes* als solchem, sondern *in der rechtlichen Natur einzelner Functionen,* welche die Staatsbeamten im Namen des Staats auszuführen haben. Ferner aber kann eine *Verschuldung* des Staats bei Anstellung und Beaufsichtigung der Beamten ebensowenig angenommen werden, wie eine Verschuldung einer juristischen Person überhaupt. Hat aus dolus oder culpa ein höherer Beamter einen untüchtigen Menschen zu einem Amte befördert und ist der durch die rechtswidrige Handlung oder Unterlassung des Letztern entstandne Schaden auf die Verschuldung des höhern Beamten zurück-

---

[1] Die von *Rönne* und *Bluntschli* gegebenen Argumente vereinigt *Primker* in seinem dem IX. Juristentag vorgetragenen Referate (III, 40 u. ff. S. oben S. 4).

zuführen, so kann auch dieser höhere Beamte schadensersatzpflichtig erklärt werden; niemals aber ist der Staat als solcher in einer Verschuldung, aus der eine rechtliche Schadensersatzpflicht entspringen könnte. Diese Sätze finden auch Anwendung, wenn dem Beamten, der den Schaden verursacht hat, durch den Monarchen das Amt übertragen worden ist. In dem deutschen Reich wie in den Einzelstaaten ist für die Handlungen des Kaisers, bez. der Fürsten der Minister (Reichskanzler) verantwortlich, der das Ernennungsdekret gegengezeichnet hat. Rechtlich treffen ihn die Folgen der culpa oder des dolus. Im absoluten Staat, in welchem der Monarch zur Vollziehung von Staatsakten der Mitwirkung verantwortlicher Minister nicht bedarf, gilt die Fiction, dass die Akte des Staatsoberhaupts niemals mit dolus oder culpa vollzogen werden, oder mit andern Worten, es gilt der Satz, dass das Staatsoberhaupt für seine Akte rechtlich nicht verantwortlich und haftbar gemacht werden kann.[1]

In der That gibt es auch keinen Staat, der in seinem positiven Recht eine *allgemeine direkte Schadensersatzpflicht* der Staatskasse für rechtswidrige Handlungen oder Unterlassungen, deren sich Beamte in Ausübung der Staatsgewalt schuldig machen, anerkennt. Der einzige Staat, der eine allgemeine, wenn auch nur *subsidiare* Schadensersatzpflicht sich auferlegt hat, ist das Herzogthum Sachsen-Coburg-Gotha. Das Staatsgrundgesetz für die vereinigten Herzogthümer Coburg und Gotha vom 3. Mai 1852 bestimmt in § 68: »Für die Schäden, welche einem Staatsangehörigen durch die Arglist oder grobe Verschuldung der Staatsbeamten als solcher verursacht werden, hat der Staat — insofern nicht besondere Gesetze in gewissen Fällen

---

[1] Eine Haftbarkeit des Staats wegen doloser oder culposer Anstellung eines Beamten nimmt noch an *Bluntschli* a. a. O. S. 46. — Auch das Oberappellationsgericht zu Celle hat in frühern Jahren ausgesprochen, dass der Staat (oder die Gemeinde) dann für den durch ein Vergehen eines Beamten verursachten Schaden zu haften verbunden wäre, wenn er sich bei Anstellung desselben oder bei der Aufsicht über seine Dienstführung einer culpa oder negligentia schuldig gemacht habe. Erkenntniss von 1823 und 1826 unter Berufung auf ein hannöverisches ad mandatum regis erlassenes Rescript vom 29. April 1823, das am 16. Februar 1827 als eine allgemein giltige Vorschrift wiederholt ward. *Seuffert,* Archiv V, 281 a. — Auch *Grefe* (Hannover. Recht II, 441 u. f.) sagt: »Eine unbedingte (ohne alle Verschuldung, also durch casus oder vis major begründete) Haftungspflicht des Staats scheint man niemals angenommen zu haben.«

eine unmittelbare Vertretungsverbindlichkeit desselben festsetzen — dann zu haften, wenn der Beschädigte den Schadensersatz vom schuldigen Beamten nicht zu erlangen vermag«. Die hiermit anerkannte allgemeine Schadensersatzpflicht ist jedoch keine unbeschränkte. Sie tritt 1) nur subsidiär ein, 2) sie findet nur statt wenn Arglist oder *grobe* Verschuldung des Beamten nachgewiesen ist, also nicht bei culpa levis, und endlich 3), der Staat hat sich zum Schadensersatz nur verpflichtet seinen *Staatsangehörigen* gegenüber, so dass also Fremde einen Anspruch auf Schadensersatz gegen den Staat nicht haben.[1] In einem andern deutschen Kleinstaat, in Sachsen-Altenburg, bestimmt ein Edict vom 18. April 1831 (die dortige Verfassung datirt vom 29. April 1831), dass eine Klage auf Schadensersatz gegen den Fiscus statthaft sei, wenn der Beamte die Rechtsverletzung innerhalb seiner Amtsbefugnisse bewirkt und die Oberbehörde nicht alsbald auf Anrufen des Betheiligten anerkannt habe, dass eine Ueberschreitung der Dienstbefugnisse stattgefunden habe. Letztere Bestimmung muss als gänzlich inconsequent und sachlich unbegründet bezeichnet werden. Sie bedeutet nichts anderes, als dass der Staat nur haftet für die Verschuldung der höchsten Beamten, nicht aber für die der mittlern und untern Beamten. Hat einer der letztern eine rechtswidrige Handlung begangen, so begründet der dadurch verursachte Schaden an sich nicht die Ersatzpflicht des Staats, sondern diese wird erst begründet durch die Zurückweisung der dagegen erhobenen administrativen Beschwerde in letzter Instanz.[2] Diese Be-

---

[1] Frühere, nur kurze Zeit in Geltung stehende Verfassungen deutscher Kleinstaaten hatten sogar eine primäre Haftpflicht des Staats für rechtswidrige Handlungen der Beamten anerkannt, so das Landesgrundgesetz für Schwarzburg-Sondershausen vom 24. September 1841 § 64 (aufgehoben durch Verfassungsgesetz vom 12. Dezember 1849) und die Verfassung von Mecklenburg-Schwerin vom 23. August 1849 § 142, die aber bald darauf für nicht zu Recht bestehend erklärt worden ist.

[2] Kann der Betheiligte den *Eintritt* des Schadens dadurch verhindern, dass er gegen die schädigende Verfügung Beschwerde einlegt oder ein anderes Rechtsmittel ergreift, so tritt selbstverständlich unter allen Umstanden die Ersatzpflicht des Staats nicht ein, wenn er von diesem Mittel, den Schaden abzuwehren, schuldhalter Weise keinen Gebrauch macht. Denn dann ist der Schaden durch seine eigne Schuld mit verurscht worden. Das Altenburger Edict hat aber auch den Fall im Auge, dass der Schaden schon durch die Handlung des untern Beamten sofort herbeigeführt worden ist, also auch durch die Aufhebung der betreffenden Verfügung der Schaden nicht ungeschehen gemacht werden kann. Diese beiden Fälle

stimmungen zweier der kleinsten deutschen Länder, die selbst wieder nicht mit einander in Einklang stehen, können nicht als Zeugnisse für einen Rechtssatz des gemeinen Rechts angeführt werden, sie tragen vielmehr durchaus den Charakter von singulären Bestimmungen des particularen Rechts, denen eine grössere Bedeutung nicht zugeschrieben werden kann.

In der Gesetzgebung eines dritten deutschen Kleinstaats wird auf die allgemeinen Rechtsgrundsätze verwiesen, nach welchen in den einzelnen Fällen die Gerichte zu entscheiden hätten, ob von dem Staat ein Schadensersatz zu leisten sei oder nicht. Die Hamburger Verfassung vom 28. September 1860 Art. 89 bestimmt, dass die Verwaltungsbehörden von Jedem, der sich durch ihre amtlichen Handlungen in seinem Privatrechte verletzt glaubt, auf Entschädigung oder Abhilfe gerichtlich belangt werden können. Neben der Verfassung blieb in Geltung das Gesetz vom 11. August 1859 über das Verfahren in streitigen Verwaltungs- und Regierungssachen. Dasselbe setzt in dem allerdings nicht sehr klar gefassten § 5 fest: werde eine rechtswidrige Handlung von einzelnen Mitgliedern oder Beamten einer Verwaltungsbehörde begangen und erkläre auf erhobne Beschwerde die Behörde, das Verfahren vertreten zu wollen, so müsse die Klage gegen sie gerichtet werden. Andern Falls sei die Klage gegen den Einzelnen zu richten, wobei die Frage, ob nicht die dem Kläger zuerkannte Entschädigung aus dem Staatsvermögen zu leisten sei, *in Gemässheit allgemeiner Rechtsgrundsätze* und der Umstände des einzelnen Falles zu entscheiden sei. Zu § 4 wird bestimmt, dass Klagen gegen Verwaltungsbehörden auf Entschädigung wegen einer durch nicht richterliche Verfügung verursachte Verletzung von *Privatrechten* zulässig seien. Eine rechtskräftig zuerkannte Entschädigung sei dem Verletzten aus den disponiblen Fonds der Verwaltung oder, wenn solche nicht zureichen, aus der allgemeinen Staatskasse zu leisten.

---

werden auch nicht genügend unterschieden von *Windscheid* § 470 II, 765. Derselbe meint, unter allen Umständen werde der Staat solange nicht in Anspruch genommen werden können, als noch Mittel, Wiederaufhebung der betreffenden Verfügung zu erlangen, zu Gebote stehen; vorher liege eine definitive Handlung des Staats nicht vor. Die Haftpflicht des Staats vorausgesetzt, kommt es offenbar nicht hierauf an, sondern *darauf*, ob durch den Gebrauch von Rechtsmitteln der Eintritt des Schadens verhindert werden kann oder nicht.

Es ergibt sich also daraus, dass nach der Hamburgischen Gesetzgebung 1) der Staat haftet aus rechtswidrigen Handlungen der Collegialbehörden, sei es, dass dieselben in eignen Verfügungen oder aber in Bestätigungen der von ihren einzelnen Mitgliedern oder Beamten erlassnen Verfügungen bestehen, 2) dass dagegen da, wo nur eine rechtswidrige Handlung eines Einzelnen vorliegt, die nicht durch eine Verfügung oder Bestätigung einer Collegialbehörde gedeckt wird, die allgemeinen Rechtsgrundsätze über die Haftpflicht des Staats entscheiden sollen, endlich 3) dass für Handlungen und Unterlassungen der Gerichte der Staat überhaupt nicht haftet. Es wird kaum geläugnet werden können, dass es diesen Sätzen ebenso sehr an innerer Begründung mangelt, wie ihnen ein logischer Zusammenhang unter einander fehlt.[1]

In Oestreich hat umgekehrt der Staat eine Haftpflicht übernommen für die Rechtswidrigkeiten, welche sich richterliche Beamte in der Ausübung ihrer amtlichen Wirksamkeit zu Schulden kommen lassen, sofern die in dem gerichtlichen Verfahren vorgezeichneten Rechtsmittel eine Abhilfe nicht gewähren. Die beschädigte Partei kann sowohl gegen den schuldtragenden Beamten wie gegen den Staat allein als auch gegen beide zugleich klagen. Der Staat haftet gleich einem Bürgen und Zahler, d. h. als Mitschuldner zur ungetheilten Hand (A. bürg. Gesetzb. § 1357, 891).[2]

In Bayern hat zwar die Gesetzgebung nicht eine allgemeine Haftpflicht des Staats aufgestellt, aber sie geht doch von der Voraussetzung aus, dass der Staat nach allgemeinen Rechtsgrundsätzen unter bestimmten Voraussetzungen, die die Gesetzgebung aber nicht näher angibt, für das rechtswidrige Verhalten der Beamten einzustehen habe. Die IV. Beilage zur bayrischen Verfassungsurkunde (das Edict vom 26. Mai 1818 über die Rechte der Standesherren) bestimmte in § 63: »In allen administrativen Angelegenheiten, rücksichtlich welcher dem Standesherrn ein Einfluss auf die Verwaltung eingeräumt ist, hat derselbe das Recht, seine Räthe und Gerichtsbeamten zur Be-

---

[1] Eine mit dem Wortlaut der angeführten Verfassungsartikel in direktem Widerspruch stehende Auslegung versucht *Primker* a. a. O. S. 36.

[2] Staatsgrundgesetz vom 2. Dezember 1867 über die richterliche Gewalt Art. 9 und das zu dessen Ausführung ergangene Gesetz vom 12. Juli 1872.

folgung seiner Aufträge, für welche er zu haften hat, anzuhalten und ist für den aus Amtshandlungen seiner Beamten entstehenden Schaden in eben dem Masse verbindlich, wie der königliche Fiscus in Ansehung der Amtshandlungen der unmittelbaren Beamten.« Hält man im Auge, dass, nach der damals noch herrschenden Anschauung, die insbesondere auch in den Anmerkungen des Freiherrn von Kreittmayr zum Codex Maximilian. Bavaricus eine Vertretung gefunden hatte,[1] der Staat nur dann haftbar war, wenn bei Anstellung oder Beaufsichtigung der Beamten eine culpa stattgefunden hatte, so dürfte es kaum zweifelhaft sein, dass auch das erwähnte Verfassungsgesetz die Haftpflicht des Staats nach den Grundsätzen der Mandatstheorie für normirt erachtete. Die Haftpflicht des Fiscus wie die Haftpflicht der Standesherren sollten nur eintreten, wenn culpa in eligendo sive custodiendo nachzuweisen wäre. Damit stimmt denn auch der analoge Inhalt der VI. Beilage zur Verfassung, des Edicts über die grundherrlichen Rechte § 59. Indessen sucht die neuere Praxis des höchsten bayrischen Gerichtshofes wie die Theorie vielfach der Haftpflicht des Staats eine grössere Ausdehnung zu geben. Das Oberappellationsgericht zu München sprach sich in einem Erkenntniss vom 8. Juli 1851 dahin aus, dass, wenn die Beamten durch ein in ihrem Wirkungskreis begangenes Delict die Unterthanen beschädigen, der Staat als der eigentlich verletzende Theil erscheine und desshalb nicht subsidiär, sondern primär haftbar sei. Ob der Beamte zu der Verfügung an einen Untergebenen, deren Befolgung ihm Gelegenheit zu der beschädigenden Handlung verschaffte, befugt war oder nicht, sei desswegen gleichgültig, weil dem Untergebenen keine Cognition darüber zustand, ob die fragliche Befugniss dem Beamten zukomme. »Hinsichtlich der Entschädigungspflicht des Staats kann es nicht darauf ankommen, ob die Weisungen selbst gesetzlich begründet waren oder nicht, denn sobald der Beamte als

---

[1] Th. V, c. 24 § 14: »Factum illicitum officialis verbindet die Herrschaft regulariter nicht, sie seye denn selbst mit in culpa gewesen, z. E. durch Bestell- und Gedultung eines solchen Beamten, dessen Unverstand, Unfleiss oder üble Beschaffenheit notorisch, oder wenigstens der Herrschaft nicht unbekannt gewesen ist. . . . Eben diese Bewandtnuss hat es in non facto officialis, da nemlich durch seine negligenz oder Verabsäumung den Unterthaen oder andern Schaden geschihet, dann diesen erstattet die Herrschaft ebenfalls andergestalt nicht, als wann sie auf obverstandne Weis in culpa mit versiert« (S. 2354 u. f.).

Beamter handelt, tritt das Subjectionsverhältniss der Untergebnen mit allen seinen Wirkungen hervor und der Untergebne hat, um gegen allen Vorwurf geschützt zu sein, nicht nothwendig, seine Parition von einer Prüfung der Rechtmässigkeit der amtlichen Verfügungen abhängig zu machen.«[1] Hiermit stimmen *Seuffert* und *Roth* überein.[2] Freilich hatte das O.-A.-Gericht keineswegs immer diese Rechtsgrundsätze zur Anwendung gebracht. Während das Gericht in seiner ältern Praxis von den Grundsätzen über das Mandatsverhältniss ausging,[3] erklärt es zwar in einem Erkenntniss vom 9. November 1850, dass die Stellung der Staatsbehörden keineswegs mit dem Mandate zu einem Privatgeschäft auf gleicher Linie stehe, aber es verwarf auch ausdrücklich die Ansicht, dass der Staat als der Repräsentant und Vertreter der Staatsämter mit diesen identisch und desshalb für alle Amtshandlungen verantwortlich sei. Keinenfalls sei der Staat primär haftbar, während das Gericht es dahin gestellt sein liess, ob eine subsidiäre Haftpflicht des Staats anzunehmen sei.[4] Da, wie schon oben S. 105 u. f. nachzuweisen gesucht wurde, die von dem Gericht seinem neuern Erkenntniss von 1851 zu Grunde gelegten Rechtsanschauungen als berechtigte nicht anerkannt werden können, sie aber in der bayrischen Gesetzgebung eine Stütze nicht finden, so kann auch nicht als erwiesen angenommen werden, dass nach bayrischem Rechte eine allgemeine Haftpflicht des Staats bestehe.

Am entschiedensten hat das Obertribunal zu Berlin in seiner neuern Praxis für das Gebiet des preussischen Landrechts daran festgehalten, dass nach allgemeinen Grundsätzen der Staat als solcher für die bei Regierungsakten vorkommenden unerlaubten Handlungen seiner Beamten niemals hafte, sondern nur auf Grund positiver Vorschriften.[5] Doch war früher das Gericht von andern Rechtsansichten

---

[1] *Seuffert,* Archiv V, 281 b.

[2] Siehe oben S. 105.

[3] Erk. vom 5. März 1827 bei *Zu-Rhein,* Zeitschrift für Theorie und Praxis des bayrischen Rechts III, 36 u. ff. (1839).

[4] Bei *Arends,* Sammlung interessanter Erkenntnisse III, 239 u. ff. (1851).

[5] S. *v. Rönne,* Ergänzungen und Erläuterungen zu A. L. R. II, 10 § 88 (II, 619 u. ff.); *Koch,* Allgemeines Landrecht zu I, 6 § 26 und II, 15 § 12 (I, 297, II, 741); *Förster* Theorie und Praxis § 90 (I, 536), *Dernburg,* Preuss. Privatrecht § 53 (I, 105). — Entscheidungen Bd. 61, 1 u. ff. — Das Münchener Oberappellationsgericht nimmt

ausgegangen. Die Frage, ob eine Verbindlichkeit des Staats zum Schadensersatz aus Handlungen seiner Beamten vorhanden sei, lasse sich nicht einheitlich beantworten. Die Grundlage des Verhältnisses sei, dass der Staat von seinen Unterthanen und überhaupt fordere, dass in den Beamten seine Abgeordneten erkannt werden, dass Unterwerfung unter die Amtsgewalt als delegirte Staatsgewalt verlangt werde und dass dem Einzelnen der Regel nach nicht gestattet sei, vor der Folgeleistung selbst zu prüfen und Folgeleistung zu versagen, wenn er die Ausübung der Amtsgewalt für Missbrauch halte. Die Folge aber sei, dass die Verbindlichkeit zum Schadensersatz da eintrete, wo die Schadenszufügung in Folge von Amtshandlungen aus solchen Staatseinrichtungen hervorgehe, welche die Einzelnen ausser Stand setzen, den Schaden zu vermeiden, wo ihn also keine culpa treffe und der Schade Folge amtlicher Handlungen sei. [1]

Die richtige Lösung der Frage dürfte auf dem von dem Obertribunal in diesem Erkenntniss eingeschlagnen Wege liegen. Weder die allgemeine Bejahung noch die allgemeine Verneinung der Haftbarkeit des Staats entspricht der Natur der Sache. *Der Charakter der amtlichen Function*, in deren Ausführung der Beamte sich der Rechtswidrigkeit schuldig gemacht hat, *ist entscheidend.*

Auch hier bedarf es zunächst keiner weitern Ausführung, dass der Staat, sofern ihm durch die Rechtswidrigkeit seiner Beamten ein Vermögensvortheil erwachsen ist, bis zum Betrag der Bereicherung dem Beschädigten zu haften hat. Es würde durchaus dem Wesen des Rechtsstaats widersprechen, wenn er sich durch rechtswidrige Handlungen seiner Vertreter bereichern wollte. Die Haftbarkeit des

---

an, dass in dem Rechtsgebiet des Preuss. Allg. L. R. der Staat *subsidiär* für den durch seine Beamten verursachten Schaden hafte und zwar nur unter der Voraussetzung, dass der Staat sich in Aufstellung oder Ueberwachung der Beamten einen Mangel der gewöhnlichen Vorsicht zu Schulden kommen liess. Erk. vom 17. Dez. 1839 und 11. März 1851. *Arends* III, 398, 402. — S. auch *Roth*, I, 228.

[1] Das Erkenntniss ist ohne Datum veröffentlicht worden, abgedruckt bei *Simon*, Preuss. Staatsrecht I, 320. Die entgegengesetzte Praxis hat das Obertribunal seit 1836 befolgt. Vgl. Erk. vom 27. Juni 1836; Entsch. III, 40 u. ff. Die von dem Gerichtshof anerkannte Haftung der Stadtgemeinden für den Schaden, der durch Vernachlässigung der Unterhaltung eines Weges u. s. w. entsteht, wird auf die speziellen Vorschriften des Allg. L. R. II, 15, § 138—140 gestützt. Entsch. XIV. 92 u. ff.

Staats bis zum Betrag der etwaigen Bereicherung ist denn auch unbestritten.[1] Der Charakter der amtlichen Function, in deren Ausführung der Beamte in rechtswidriger Weise den Staat bereicherte, ist hierbei völlig irrelevant. Die Verpflichtung zur Rückerstattung ist die Rechtsfolge einer Bereicherung aus einer rechtswidrigen Handlung, nicht die Rechtsfolge einer besondern Schadensersatzpflicht. Diese letztere Verbindlichkeit ist nur dann vorhanden, wenn sie sich aus dem Wesen der amtlichen Function ergibt.

Die amtliche Function kann darin bestehen,

1) dass der Beamte einen *Befehl ertheilt.* Die Befolgung des Befehls kann einen Vermögensnachtheil für den Gehorchenden herbeiführen. Der Befehl kann rechtswidrig sein, entweder weil der Beamte überhaupt nicht zuständig ist solche Befehle zu ertheilen, oder weil die von dem Gesetz angegebnen Voraussetzungen, unter denen der Beamte einen derartigen Befehl erlassen darf, nicht vorhanden sind, oder endlich weil der Beamte bei Erlass des Befehls die durch Gesetz hierfür vorgeschriebnen Formen nicht beobachtet hat. Es liegt kein Grund vor, den Staat ersatzpflichtig zu erklären für den Schaden, der durch die Befolgung eines solchen rechtswidrigen Befehls entstanden ist. Niemand ist verpflichtet einem rechtswidrigen Befehl Folge zu leisten. Der thätliche Widerstand gegen den Versuch, den rechtswidrigen Befehl zu vollstrecken, kann strafbar sein. Aber zu keiner Zeit gebot das Staatsrecht des deutschen Reichs oder der einzelnen Territorien einen blinden Gehorsam gegen Gebote oder Verbote der Beamten, und zu keiner Zeit bedrohte das deutsche Strafrecht den einfachen Ungehorsam gegen rechtswidrige Befehle mit Strafe.[2] Ueberlässt der Staat dem Ein-

---

[1] *Seuffert,* Archiv XXIV, 38. Vielfach ausdrücklich anerkannt in Bezug auf die rechtswidrig erhobnen Steuern, z. B. in Preussen, Allg. L. R. I, 16 § 207, Gesetz vom 24. Mai 1861 § 9, 11, 12; in Sachsen-Meiningen, Gesetz vom 16. Juni 1829 Art. 1, 2.

[2] S. *Zachariae,* Deutsches Staats- und Bundesrecht § 91, I, 472 u. ff.; *Zöpfl,* Grundsätze des Staatsrechts § 282 (II, 3); *v. Rönne,* Staatsrecht der Preuss. Monarchie § 103 (I, 6, S. 221 u. ff.); *Schulze,* Preuss. Staatsrecht I, 369; *Pözl,* Bayerisches Verfassungsrecht § 37 (S. 98); *Mohl,* Würtemberg. Staatsrecht I, 292, 298; *Stein,* Verwaltungslehre I, 1 S. 330 u. ff.; *Bluntschli,* Allgemeines Staatsrecht II, 541; *derselbe* in dem Staatswörterbuch IV. 82 u. ff.; *Mohl,* Geschichte und Literatur der Staatswissenschaften I, 322 u. ff.

zelnen die Befugniss, einen rechtswidrigen Befehl nicht zu befolgen, so kann der Staat auch nicht haftbar sein für den Schaden, der dem Einzelnen daraus erwächst, dass er einen rechtswidrigen Befehl zur Ausführung bringt. Der Einzelne, der leichtsinniger Weise oder auch in entschuldbarem Irrthum einen Befehl für rechtswidrig hielt, während derselbe rechtmässig war, kann durch seinen Ungehorsam allerdings einer Strafe sich aussetzen. Es würde vielleicht für ihn bequemer und sicherer sein, auch dem rechtswidrigen Befehl Folge zu leisten, wenn der Staat unbedingten Schadensersatz leisten würde. Aber der Staat hat nicht die Aufgabe, den Einzelnen von jeder Verantwortlichkeit für sein Thun und Handeln zu befreien und die Staatskasse erhebt nicht zu dem Zwecke von allen Staatsangehörigen Steuern, um dem Einzelnen einen Schaden zu ersetzen, den er bei grösserer Kenntniss des bestehenden Rechts oder bei grösserm Muthe hätte abwehren können. Zwar ist es der Staat, der den Beamten mit seiner Autorität ausstattet, auf die gestützt er den rechtswidrigen Befehl erlässt. Aber der Staat fordert die Anerkennung dieser Autorität nicht mehr, wenn der Beamte aus den Schranken des Rechts heraustritt, und kann desshalb auch nicht durch den Missbrauch der Autorität schadensersatzpflichtig werden.

2) Schwieriger liegt der Fall, wenn der Beamte nicht oder nicht blos einen rechtswidrigen Befehl ertheilt, sondern wenn er den Schaden dadurch verursacht, dass er eine *rechtswidrige Handlung selbst vollzieht.* Dies kann geschehen, indem er entweder eine rechtswidrige Anordnung vollstreckt, oder indem er eine an sich rechtsmässige Anordnung in rechtswidriger Weise, sei es in rechtswidriger Form, sei es mit rechtswidrigen Mitteln vollstreckt. Es kann hier ganz ausser Betracht bleiben, ob der Beamte dadurch strafbar wird oder nicht; ob die Anordnung von ihm selbst getroffen ist oder ob er nur die von einer höhern Behörde gegebnen Befehle ausführt;[1] ob es sich um Vollstreckung eines Urtheils oder einer andern ge-

[1] Diese Unterscheidung kommt dagegen wesentlich in Betracht, wenn es sich um die Verantwortlichkeit des Beamten selbst, seine Strafbarkeit und Verpflichtung zum Schadensersatz handelt. Für unsere Frage ist es dagegen ohne Belang, ob die Rechtswidrigkeit den anordnenden oder den ausführenden Beamten als Verschuldung trifft.

richtlichen Entscheidung handelt oder um die Vollstreckung einer Anordnung einer Verwaltungsbehörde. Das Charakteristische besteht darin, dass der Beamte nicht nur auf *die Autoritat seines Amtes* sich stützt, um einen rechtswidrigen Befehl zu ertheilen, sondern dass er die ihm vom Staate anvertrauten *materiellen Machtmittel* gebraucht, um eine rechtswidrige Handlung zu begehen. Doch folgt daraus, dass der Staat es ist, dessen Machtmittel der Beamte zur Begehung der rechtswidrigen Handlung sich bedient, an sich noch nicht, dass der Staat für diese Rechtswidrigkeit haftbar und für den dadurch verursachten Schaden ersatzpflichtig werde.[1] Es ist dies umsoweniger der Fall, da das Recht einen Widerstand gegen Handlungen der Beamten, die dieselben nicht in rechtsmässiger Ausübung ihres Amtes vornehmen, als Nothwehr betrachtet und selbst einen unter Anwendung oder Androhung von Gewalt erfolgten Widerstand gegen sie für nicht strafbar erklärt.[2] Das deutsche Reichsstrafgesetzbuch § 113 bedroht mit Strafe nur diejenigen Personen, welche einem Beamten, der zur Vollstreckung von Gesetzen, von Befehlen und Anordnungen der Verwaltungsbehörden oder von Urtheilen und Verfügungen der Gerichte berufen ist, *in der rechtmässigen Ausübung seines Amtes* durch Gewalt oder durch Bedrohung mit Gewalt Widerstand leistet. Aus dem Wortlaut, wie aus der Entstehungsgeschichte des § 113 geht klar hervor, dass das Gesetz die Strafe demjenigen *nicht* androht, der einem Beamten, welcher eine *rechtswidrige* Handlung gegen ihn zu vollziehen im Begriffe ist, Hindernisse bereitet (sog. passiver Widerstand) oder thätlichen Widerstand leistet.[3] Der Beamte befindet sich aber *nicht* in rechtmässiger Ausübung seines

---

[1] Siehe oben S. 103.

[2] Selbstredend kann die Handlung, die als thätlicher Widerstand straflos ist, aus andern Gründen strafbar sein, z. B. wenn sie zugleich eine für den Widerstand unnöthige Misshandlung des Beamten enthält.

[3] *Berner,* Lehrbuch des deutschen Strafrechts S. 371 u. ff.; *H. Meyer,* Lehrbuch S. 669; *Schütze,* Lehrbuch S. 264; *F. Meyer,* Das Strafgesetzbuch S. 95 u. f.; *Rubo,* Commentar S. 602; *Schwarze,* Commentar zum St. G. B. S. 312 u. ff.; *Rüdorff,* Commentar S. 272 u. ff.; *John* in *Holtzendorff's* Handbuch des deutschen Strafrechts III, 107 u. ff.; *Hiller,* Die Rechtmassigkeit der Amtsausübung im Begriffe des Vergehens der Widersetzlichkeit (§ 113 des St. G. B.) S. 47 u. ff. *Derselbe* im Gerichtssaal XXVII (1875) S. 1 u. ff.

Amtes, wenn ihm die sachliche oder örtliche Zuständigkeit zur Vornahme der Amtshandlung fehlt, oder wenn die formalen Voraussetzungen, an welche das Gesetz ausdrücklich die Zulässigkeit der Handlung geknüpft hat, nicht vorhanden sind, oder wenn der Beamte bei der Vornahme der Amtshandlung sich rechtswidriger Mittel bedient. Hat der Beamte eine von einer andern Behörde erlassene Anordnung u. s. w. zu vollstrecken, so darf diese Anordnung selbst keine rechtswidrige sein. Allerdings hat das Preussische Obertribunal, wenn auch unter vielen Schwankungen in der Rechtssprechung, eine andere Ansicht befolgt. Darnach soll der Beamte nur dann nicht in rechtmässiger Ausübung seines Amtes sein, wenn er in Arglist handele oder wenn er in grober und leicht vermeidlicher Weise sich über den Charakter der Handlung geirrt habe. Diese Ansicht ist aber schon desshalb unrichtig, weil sie zu dem absonderlichen Resultat führt, die Strafbarkeit des Widerstands abhängig zu machen nicht von dem guten Glauben des Thäters, sondern von dem guten Glauben eines Dritten. Das Gesetz kann von dem Einzelnen verlangen zu prüfen, ob eine Handlung eines Beamten in Uebereinstimmung mit dem Recht sich befindet, ehe er sich dazu entschliesst, dem Beamten Widerstand entgegenzusetzen; aber es kann nicht verlangen, dass er den Seelenzustand des Beamten prüfe und untersuche, ob derselbe sich in gutem Glauben befinde und er sich in entschuldbarer Weise geirrt habe, oder ob dessen Irrthum ein grober und leicht vermeidlicher gewesen wäre. Diese letztern Fragen hat der Richter zu prüfen, wenn ihm die Frage der Bestrafung des Beamten, der rechtswidrig gehandelt hat, vorliegt, nicht aber wenn es sich um die Frage handelt, ob der Widerstand gegen den angeblich rechtswidrigen Angriff gerechtfertigt war oder nicht. Das Preussische Obertribunal geht aber noch weiter. Nach seiner Ansicht handelt ein Beamter, der den Befehl u. s. w. einer andern Behörde zu vollstrecken hat, nur dann *nicht* in rechtmässiger Ausübung seines Amtes, wenn die Handlung *ausserhalb des Kreises seiner Amtsfunctionen* liegt. Sei dies nicht der Fall, so sei seine Handlung eine rechtmässige, selbst wenn der Auftrag formell oder materiell rechtswidrig sei. Er habe die Rechtmässigkeit des Auftrags nicht zu prüfen, wenn nur derselbe von einer örtlich und sachlich zuständigen Behörde gegeben sei.[1] Die Ausübung der Amtsgewalt kann aber offenbar nicht rechtmässig sein, wenn die Handlung, die ausgeführt wird, rechtswidrig ist. Oder sollte eine Anordnung, die in sich rechtswidrig ist, dadurch rechtmässig werden, dass ein Beamter den Befehl zu ihrer Ausführung einem untern Beamten überträgt?

In der That haben denn auch diese Ansichten des Preussischen Obertribunals, die ebenso dem Wortlaut wie dem Geist des Gesetzes widersprechen, in der Literatur fast nirgends Vertheidigung gefunden.[2]

Gestattet demnach das Recht einen Widerstand gegen rechtswidrige Handlungen[3] der Beamten, so kann auch für eine rechtswidrige Handlung der Staat an sich nicht haftbar sein. Sehr vielfach wird freilich dem mit den Machtmitteln seines Amtes ausgestatteten Beamten gegenüber jeder Widerstand thatsächlich vergeblich sein; der Einzelne verfügt vielfach nicht über die Kräfte, um erfolgreich Widerstand leisten zu können. Indessen folgt auch hieraus nicht mit zwingender Kraft die Haftbarkeit des Staats. (S. oben S. 103). Wohl aber fragt es sich, ob es nicht als eine Forderung der Gerechtigkeit bezeichnet werden muss, dass der Staat dann eine Schadensersatzpflicht auf sich nehme, wenn durch eine rechtswidrige Handlung seiner Beamten einem Einzelnen ein Schaden zugefügt ist, den er nicht durch Widerstand abwehren konnte und den der Beamte nicht aus seinem Vermögen zu ersetzen vermag. War der Widerstand möglich und hatte ihn der Beschädigte nur aus mangelndem Muthe nicht unternommen, so ist an sich ein Schadensersatz aus der Staatskasse nicht gerechtfertigt. Die Gerechtigkeit kann einen solchen nicht fordern, da der Staat dem Beschädigten den Gebrauch der Mittel, um den Schaden abzuwenden, gestattete, so wenig wie ein Schadensersatzanspruch gegen den Staat berechtigt ist, wenn der Be-

---

[1] Siehe die bei *Pezold*, Die deutsche Strafrechtspraxis (S. 89 u. ff.), angeführten Erkenntnisse des Obertribunals.

[2] Die einzige Ausnahme bildet *Meves* in *Holtzendorff's* Handbuch IV, 307 u. ff.

[3] Von den rechtswidrigen Handlungen sind zu unterscheiden die *rechtmässigen*, aber unzweckmässigen oder auch ungerechtfertigten Handlungen. Ueberlässt das Recht dem Beamten nach eignem Ermessen zu handeln, so ist seine Handlung rechtmässig, auch wenn er in seinem Ermessen fehlging. Siehe oben S. 94.

schädigte den Schaden dadurch sich zugezogen hat, dass er von den ihm zu Gebote stehenden Rechtsmitteln keinen Gebrauch gemacht hat. Jedoch könnte in einer solchen Bestimmung eine Ermunterung gefunden werden, Beamten Widerstand bei Ausführung ihres Amtes zu leisten. Es dürfte desshalb nicht aus Gründen der *Gerechtigkeit*, sondern aus Gründen der *Zweckmassigkeit*, um den Eintritt anderer Gefahren zu verhüten, angemessen sein, die Schadensersatzverbindlichkeit des Staats nicht von der Bedingung, dass ein Widerstand gegen die rechtswidrige Handlung des Beamten nicht möglich gewesen war, abhängig zu machen.

Jedenfalls ist in allen diesen Fällen nur eine subsidiäre Haftpflicht des Staats zu rechtfertigen, denn der Staat übernimmt die Haftbarkeit nur desshalb, weil er den Beamten Machtmittel anvertraut, die sie zu Rechtswidrigkeiten missbrauchen können, während sie nicht immer in der Lage sind, den dadurch entstandenen Schaden zu ersetzen. Er haftet also auch nur dann, wenn diese Voraussetzung eintritt. Weil das Vermögen der Beamten häufig nicht ausreicht um den von ihnen verursachten Schaden zu ersetzen, soll der Staat haften, der ihnen durch Uebertragung der Amtsgewalt die Möglichkeit, den Schaden anzurichten, gegeben hat. Wenn der Beamte selbst den Schaden ersetzen kann, liegt kein Grund vor, den Staat haftbar zu machen.

Doch muss die Frage auch noch von einer andern Seite betrachtet werden. Auch unter der angegebenen Voraussetzung und unter der Beschränkung auf Subsidiarität kann eine allgemeine Haftverbindlichkeit des Staats nicht gefordert werden. Es beruht nicht auf Willkühr, dass der Staat seinen Beamten eine Amtsgewalt überträgt, es geschieht nicht in einem Privatinteresse, dass denselben grosse Machtmittel anvertraut werden. Es ist das für die Existenz und das Leben des Staats nothwendig. Darauf beruht die gesammte Institution des Staatswesens. Der Einzelne, der in dem Staat den Schutz seines Rechts und die Möglichkeit seiner Entwicklung findet, muss auch die Gefahren tragen, welche untrennbar mit jeder Organisation des Staats verbunden sind. Da die Beamten dem Irrthum und der Leidenschaft unterworfne Menschen sind, so bildet die Möglichkeit, dass die Beamten die ihnen anvertraute Gewalt zu rechtswidrigen Handlungen gebrauchen, eine jener Gefahren. Nur in denjenigen

Fällen, wo in der Regel ein jeder Widerstand gegen die Rechtswidrigkeit der Beamten vergebens sein wird, und wo es sich um einen schweren, die bürgerliche Existenz selbst bedrohenden Schaden handelt, wird die Uebernahme einer subsidiären Schadensersatzpflicht durch den Staat gerechtfertigt erscheinen. Als ein solcher Fall muss z. B. bezeichnet werden eine aus Vorsatz oder grober Fahrlässigkeit widerrechtlich verfügte oder verlängerte Gefangenschaft. Das Rechtsbewusstsein verlangt hier unzweifelhaft, dass der Staat dem Verletzten eine Entschädigung gewährleiste und dieselbe eventuell selbst auf sich nehme.[1] Schon die Grundrechte des deutschen Volkes (Reichsgesetz vom 27. Dezember 1848 § 8) hatten diesen Grundsatz anerkannt und eine Reihe deutscher Landesverfassungen und Gesetze haben ihn aufgenommen und beibehalten.[2]

Fraglicher erscheint es, ob der Staat eine Entschädigungspflicht zu übernehmen habe, wenn eine Beschlagnahme von Presserzeugnissen widerrechtlicher Weise verfügt worden ist. Einzelne Pressgesetze haben zwar eine Schadensersatz-Pflicht des Staats für diesen Fall ausgesprochen, jedoch hat die Praxis gezeigt,

---

[1] Vgl. darüber namentlich die Verhandlungen des deutschen Juristentags (XI. Juristentag II, 171 u. ff.; XIII. Juristentag III. 116 u. ff.) und die demselben gelieferten Gutachten von *Wahlberg* (XI. Juristentag I, 42 u. ff.). von *Nissen* und *Köstlin* (XII. Juristentag I, 46; II, 329). Dass unter den im Text angegebenen Voraussetzungen der Staat subsidiär einen Schadensersatz leisten solle, wurde fast von allen Seiten als selbstverständlich angenommen. Vgl. auch *v. Stemann* in *Behrend,* Zeitschrift für deutsche Gesetzgebung VI, 301 u. ff. und *Ullmann* im Gerichtssaal XXVII, S. 83.

[2] Baden, Strafprozessordnung von 1864 § 184; Würtemberg, Strafproz.-O. von 1868 Art. 95; Thüringische Staaten (Sachsen-Weimar, Meiningen, beide Schwarzburg, Anhalt und beide Reuss) Strafproz.-O. von 1850, Art. 143; Braunschweig, Gesetz vom 4. Juli 1851, Art. 3 § 8; Oldenburg, Staatsgrundgesetz vom 22. November 1852 Art. 39 § 6; Sachsen-Altenburg St. Proz. O. von 1854 Art. 122. Diese Bestimmungen sind durch die deutsche Strafprozessordnung nicht ausser Kraft gesetzt worden, behalten vielmehr neben ihr ihre gesetzliche Wirksamkeit. Vgl. *Schwarze,* Commentar zur St. Proz. O. S. 269. In der Reichstags-Kommission für die Strafprozessordnung ward ein die subsidiäre Haftpflicht des Staats festsetzender Antrag gestellt, aber mit 16 gegen 10 Stimmen abgelehnt (Protocolle S. 181—186). — In Oestreich ist der Staat schadensersatzpflichtig, wenn von einem richterlichen Beamten gesetzwidrig eine Verhaftung verfügt oder verlängert wird. Staatsgrundgesetz vom 21. Dez. 1867 Art. 8; Gesetz vom 12. Juli 1872 § 35.

dass dieselbe von keiner grossen praktischen Bedeutung ist, dagegen mancherlei Nachtheile mit sich im Gefolge führt.[1]

Unter besonderen Voraussetzungen mag es gerechtfertigt sein, auch in andern Fällen eine Schadensersatzpflicht des Staats gesetzlich festzustellen.[2] Immerhin wird sie nur als Ausnahme einzuführen sein. Sofern aber nicht ein positiver Rechtssatz nachgewiesen werden kann, durch welchen der Staat sich selbst eine Schadensersatzpflicht auferlegt hat, liegt kein Rechtsgrund vor, sie als vorhanden anzunehmen. Sie ergibt sich als zwingende Folgerung weder aus dem Begriff der Staatsgewalt noch aus dem Verhältniss der Unterthanen zu der Staatsgewalt und zu den Beamten.

Unter diesem Gesichtspunkt ist auch die Frage der Schadensersatzpflicht des Staats aus rechtwidrigen gerichtlichen Entscheidungen zu betrachten. Die Entscheidung als solche, sei sie nun ein Urtheil oder eine Verfügung, kann überhaupt keinen Anspruch auf Schadensersatz durch den Staat geben, da durch sie selbst kein Schaden verursacht wird. Dies kann erst geschehen durch die Vollstreckung. Daraus folgt, dass ein Schadensersatz durch den Staat nicht gerechtfertigt ist, solange nicht die Entscheidung vollstreckbar ist, oder wenn der Beschädigte gegen die Entscheidung zwar ein

[1] Das Badische Pressgesetz von 1868 § 25 hatte eine Schadensersatzpflicht des Staats anerkannt, wenn die Polizei vorsätzlich oder aus grober Fahrlässigkeit den Beschlag ohne genügenden Grund verfügt hat. Diese Bestimmung ist durch das Reichspressgesetz beseitigt worden. Dagegen besteht eine Schadensersatzpflicht in Oestreich, Pressgesetz vom 17. Dezember 1862 und Strafprozessordnung von 1873 § 491. Ueber die Folgen s. *Liszt*, Lehrbuch des östr. Pressrechts S. 364 und das dort angeführte Gutachten von *Jaques*. Vgl. ferner *Berner*, Deutsches Pressrecht S. 311.

[2] Eine Schadensersatzpflicht des Staats durfte unter andern gerechtfertigt sein, wenn die Ausübung staatlicher Functionen sehr leicht schon in Folge geringer Versehen zu einer Beschädigung dritter Personen führen kann; z. B. wenn bei militärischen Uebungen von den Truppen nicht blos die hierzu bestimmten Felder benutzt werden, sondern aus Versehen auch ein benachbartes, oder wenn bei Schiessübungen aus Versehen die Kugeln auf ein benachbartes Grundstück geschossen werden und dort Schaden anrichten. Reichsgesetz über die Naturalleistungen für die bewaffnete Macht im Frieden vom 13. Febr. 1875 § 14: »Alle durch die Benutzung von Grundstücken zu Truppenübungen entstehenden Schäden werden aus Militärfonds vergütet.« Der Reichstag hat diese Fassung des Paragraphen beschlossen, »um jeden Zweifel, als ob die Pflicht der Entschädigung an irgend einer Stelle unterbrochen sei, auch hier abzuschneiden.« Komissionsbericht S. 16.

Rechtsmittel, das die Vollstreckbarkeit hinderte, anwenden konnte, dies aber versäumt hat. Hatte er von den Mitteln, die ihm der Staat gewährt, um einen Schaden abzuwenden, keinen Gebrauch gemacht, so kann er auch nicht von dem Staat einen Ersatz des Schadens verlangen.

Ein rechtskräftiges Urtheil schafft formelles Recht. Solange ein rechtskräftiges Urtheil besteht, ist auch die Vollstreckung desselben niemals rechtswidrig. Erst wenn durch ein anderes rechtskräftiges Urtheil das erstere Urtheil aufgehoben worden ist, kann dasselbe als ein formell rechtswidriges Urtheil bezeichnet werden. Die Aufhebung eines rechtskräftigen Urtheils kann nach der Reichscivilprozess-Ordnung erfolgen im Wege der Nichtigkeits- und der Restitutionsklage, nach der Strafprozess-Ordnung in Folge der Wiederaufnahme eines geschlossnen Verfahrens. Ist durch das vollstreckte, dann aber wieder aufgehobne Urtheil der Partei ein Schaden zugefügt worden, so wird doch nicht in allen Fällen eine Ersatzpflicht des Staats sich rechtfertigen lassen, sondern nur dann, wenn die Aufhebung des Urtheils erfolgt ist auf Grund einer bei der Rechtssprechung begangnen Rechtswidrigkeit der vom Staat angestellten Behörde. Ist das Urtheil aus einem andern Grund aufgehoben worden, so kann der Staat nicht zum Schadensersatz herangezogen werden. Die Schadensersatzpflicht des Staats ist auch hier allein dadurch gerechtfertigt, dass der Staat die seiner Gewalt unterworfnen Personen *zwingt*, vor seinen Gerichten Recht zu nehmen und dass *jeder Widerstand* gegen die Vollstreckung eines rechtskräftigen Urtheils der Gerichte *rechtswidrig* ist.[1] Hier gestattet der Staat dem Einzelnen nicht, der Vollstreckung eines Urtheils, das derselbe für rechtswidrig erkennt, Widerstand entgegen zu setzen. Da er vielmehr jedes rechtskräftige Urtheil für Recht schaffend erklärt, so verlangt hier die Gerechtigkeit entschiedner als in den früher besprochnen Fällen, dass der Staat Schadensersatz leiste, wenn er später selbst das Urtheil wieder aufhebt, weil in Folge einer Rechtswidrigkeit der Beamten das Urtheil materielles Unrecht ge-

---

[1] Abgesehen ist natürlich hier von dem Fall, dass der Vollstreckungsbeamte selbst sich einer Rechtswidrigkeit bei der Vollstreckung schuldig macht.

schaffen hat. Hiernach wäre nach der Reichscivilprozess-Ordnung eine Schadensersatzpflicht des Staats nur gerechtfertigt, wenn bei dem Urtheil ein Richter mitgewirkt hat, der sich einer strafbaren Verletzung seiner Amtspflichten gegen die Partei schuldig gemacht hat, oder das Urtheil sich auf ein strafgerichtliches Urtheil gründet, das aus dem angegebnen Grunde aufgehoben worden ist; und wenn das Urtheil auf dem Wege des Restitutionsverfahrens aufgehoben worden ist.[1] Analog wären die Voraussetzungen, unter denen wegen eines durch Vollstreckung eines Strafurtheils entstandnen Schadens von dem Staate Ersatz zu leisten wäre. Aus den analogen Gründen müsste das Urtheil durch Wiederaufnahme des Verfahrens aufgehoben worden sein.[2] Doch ist es auch in diesen Fällen nur als eine Forderung der Gerechtigkeit zu bezeichnen, dass der Staat sich eine solche Haftung gesetzlich auferlege. Sie ist nicht ohne Weiteres als in positivem Recht begründet anzusehen.

3) Die Beamten des Staats können nicht nur dadurch einen Schaden verursachen, dass sie rechtswidrige Befehle, Verfügungen u. s. w. vollstrecken, oder dass sie rechtmässige Befehle u. s. w. in rechtswidriger Weise vollstrecken, sondern sie können auch Schaden zufügen, indem sie aus Arglist oder Fahrlässigkeit ihre Pflicht nicht erfüllen und Vollzugshandlungen, die ihnen durch ihr Amt vorgeschrieben sind, nicht vollziehen. Dabei macht es keinen Unterschied, ob die Handlung, die sie rechtswidriger Weise unterlassen haben, in der Ausübung der staatlichen Zwangsgewalt bestanden hatte oder ob sie die Ausführung anderweitiger Massregeln versäumt haben. Wie schon früher erwähnt (S. 104) liegt ein Grund nicht vor, eine allgemeine Ersatzpflicht des Staats anzunehmen für den Schaden, der durch rechtswidrige Unterlassungen der Beamten verursacht worden ist. Der Einzelne hat keinen Rechtsanspruch an den Staat, dass die dem Staat obliegenden Aufgaben erfüllt oder die im allgemeinen Staatsinteresse erlassenen Gesetze und Verordnungen vollzogen werden. Wie der Staat nicht die Aufgabe hat das Privatinteresse der Einzelnen zu fördern, und wie die Gesetze vom Staat

---

[1] Civilprozess-Ordnung § 543.

[2] Strafprozess-Ordnung § 399 u. ff.

nicht im Privatinteresse der Einzelnen gegeben werden, so liegt dem Staat auch nicht die Verpflichtung ob, den Schaden zu ersetzen, der durch die Nichtausführung der Gesetze u. s. w. den Einzelnen erwächst.[1] Wenn ein Zollbeamter die Waaren eines Kaufmannes rechtswidriger Weise zollfrei über die Grenze lässt und dadurch den andern Kaufleuten, die ihre Waare verzollen müssen, einen Schaden zufügt, so kann der Staat nicht zum Schadensersatz verpflichtet sein. Und ebensowenig ist dies der Fall, wenn ein Minister es versäumt eine vom Gesetz angeordnete Anlage einer Strasse zur Ausführung zu bringen und dadurch einzelne Privatpersonen, die auf Benutzung der neuen Strasse gerechnet hatten, Schaden erleiden u. s. w.

Es fehlt hier nicht nur an den Bedingungen einer *Justizsache*,[2] sondern es fehlt hier an jeder rechtlichen Verpflichtung des Staats dem *Einzelnen* gegenüber. Die rechtliche Verpflichtung zur Ausführung der Staatsaufgaben und Vollziehung der Gesetze ist nicht geltend zu machen durch die einzelnen Staatsangehörigen, sondern durch die hierzu berufenen Organe des Staats selbst (Volksvertretung u. s. w.).

Dagegen kann der Staat auch eine wirkliche Verpflichtung zur Ausführung bestimmter öffentlicher Functionen einzelnen Personen oder Korporationen gegenüber durch Gesetz oder Vertrag übernehmen. Allerdings werden Fälle dieser Art nicht häufig sein. Doch kann der Staat z. B. einer Stadt gegenüber, der er bestimmte Leistungen durch Gesetz auferlegt, auch bestimmte gesetzliche Verpflichtungen bezüglich der Herstellung von Strassen u. s. w. übernehmen.[3] In diesen Fällen hat der Staat nach allgemeinen Rechts-

---

[1] Einige Particulargesetze erklären die Gemeinden haftbar für den bei Tumulten, Zusammenrottungen u. s. w. entstandenen Schaden, wenn die Gemeindebehörden nicht alles gethan haben, um das Verbrechen zu verhindern. Hier sind also nach positivem Rechtssatz die Gemeinden haftbar für rechtswidrige Unterlassungen ihrer Organe und Beamten. Grossherz. Hessen, Ges. vom 3. März 1859, Sachsen-Altenburg, Ges. vom 25. März 1837.

[2] Aus diesem Grund will *Zachariae* a. a. O. S. 612 in derartigen Fällen eine Schadensersatzpflicht des Staats nicht annehmen.

[3] Sehr häufig kommt es auf dem Gebiet des Völkerrechts vor, dass der Staat einem andern Staat gegenüber die Verpflichtung zu bestimmten Leistungen übernimmt, wie er auch durch das gemeine Völkerrecht zu solchen Leistungen verpflichtet ist. Erfüllt er diese Leistungen nicht, so ist er völkerrechtlich schadens-

grundsätzen Schadensersatz zu leisten, wenn die von ihm eingegangne Verpflichtung nicht oder nicht rechtzeitig erfüllt wird. Er kann durch die rechtswidrige Unterlassung seiner Beamten nicht von einer *ihm* obliegenden Pflicht befreit werden.

4) Die Thätigkeit des Staats zum Zwecke der Erfüllung der Staatsaufgaben vollzieht sich nicht nur dadurch, dass die Behörden Befehle erlassen und Anordnungen treffen, die mit Anwendung der Machtmittel des Staats vollstreckt werden; der Staat betrachtet es auch als seine Aufgabe, Einrichtungen zu schaffen, welche den Zweck haben, künftigen Rechtsverletzungen vorzubeugen und Privatpersonen die Ausübung und den Genuss ihrer Rechte zu sichern. Die Benutzung dieser Einrichtungen stellt er theils den Einzelnen frei, theils schreibt er sie vor, indem er die Führung bestimmter Rechtsgeschäfte den Behörden überträgt oder indem er die Giltigkeit der Rechtsgeschäfte von der Mitwirkung der Behörden abhängig macht. Es ist hiermit das Gebiet der sogenannten freiwilligen Gerichtsbarkeit bezeichnet. Die Haftbarkeit des Staats für rechtswidrige Handlungen der Beamten der freiwilligen Getichtsbarkeit ist verschieden zu normiren nach der Verschiedenheit des Charakters der einzelnen zur freiwilligen Gerichtsbarkeit gehörigen Akte:

a) Stellt der Staat es den Einzelnen frei, sich der Einrichtungen der freiwilligen Gerichtsbarkeit zu bedienen (z. B. Beglaubigung von Aktenstücken zu grösserer Sicherheit), ohne die Benutzung vorzuschreiben, so liegt kein Grund vor, den Staat für rechtswidrige Handlungen der Beamten haftbar zu machen.

b) Der Staat betraut einzelne seiner Beamten mit der Führung der Angelegenheiten von Privatpersonen in deren Privatinteresse. Hierher gehört die Führung der Obervormundschaft, die Sorge für die Verwaltung des Vermögens Verschollener oder einer Erbschaft u. s. w. Auch in diesen Fällen erkennt weder das positive Recht eine Haftpflicht des Staats an noch lässt sich eine solche aus allgemeinen

---

ersatzpflichtig, ohne Unterschied, wer die Verschuldung an der rechtswidrigen Unterlassung trägt. Es sei hier nur auf die Alabama-Angelegenheit und die darüber erschienenen Schriften verwiesen. Auf die Frage der Haftung des Staats aus rechtswidrigen Handlungen seiner Organe und Beamten nach Völkerrecht kann hier nicht näher eingegangen werden. Sie bedarf einer besonderen Erörterung.

Rechtsgrundsätzen rechtfertigen. Der Staat genügt seiner Pflicht durch Bestellung von Beamten für diese Geschäfte. Die Geschäfte selbst sind Privatgeschäfte. Begehen die Beamten bei Führung derselben durch Handlung oder Unterlassung Rechtswidrigkeiten, so sind sie dafür haftbar und es bedarf keiner Gewährleistung durch den Staat. So ist es denn auch im gemeinen Recht wie in den Particularrechten anerkannt, dass die Mitglieder der Obervormundschaftsbehörde haften, nicht aber das Gericht als solches.[1]

c) Andere Gesichtspunkte kommen da in Betracht, wo der Staat nicht in seiner Sorge für Personen, die selbst nicht im Stande sind ihre Angelegenheiten zu verwalten, diesen einen Stellvertreter bestellt und eine Aufsicht über dessen Verwaltung führt, sondern wo der Staat im allgemeinen Interesse oder in zuweitgehender Bevormundung selbständiger Personen die Mitwirkung der staatlichen Behörden bei der Vornahme von Rechtsgeschäften vorgeschrieben hat. In diesen Fällen überlässt er es nicht den Einzelnen, die die Verantwortlichkeit für ihre Handlungen tragen können, nach eignem Ermessen zu handeln, sondern er zwingt sie bei der Vornahme von privatrechtlichen Geschäften, behufs Sicherung der Beurkundung oder um sie vor Uebereilung und Fahrlässigkeit zu schützen, sich der Hilfe der Behörden zu bedienen. Der Einzelne vermag sich in diesen Fällen gegen Arglist oder Fahrlässigkeit der Beamten nicht zu schützen. Desshalb muss es hier als eine Forderung der Gerechtigkeit bezeichnet werden, dass der Staat, der es dem Einzelnen nicht überlässt, auf eigne Verantwortlichkeit für seine Privatinteressen Sorge zu tragen,

---

[1] *Windscheid,* § 445 II, 670; *Seuffert* V, 298, XI, 252, XXIII, 139; *Emminghaus,* Sächs. Pandecten S. 92 n. 14. — Anderer Ansicht, aber ohne jeden Beweis, *Zachariae* S. 635. — S. dagegen Erkenntniss der Juristenfacultät zu Berlin von 1868: »Es ist auch noch Niemanden eingefallen, im Vormundschaftswesen eine Haftung des Fiscus für die Nachlässigkeiten der Vormundschaftsbeamten behaupten zu wollen. Vielmehr hat hier stets ausschliesslich das Prinzip des römischen Rechts gegolten, dass nur die Vormünder selbst und die einzelnen obervormundschaftlichen Beamten für den . . . Schaden haften« (*Seuffert* XXIII, 139). Aeltere Juristen, welche der Behörde eine besondere juristische Persönlichkeit zuschreiben, nehmen zwar nicht eine Haftung des Staats, wohl aber eine Haftung der Behörde an. *Schilter,* Praxis jur. Rom. Exercit. 37 § 198—200; *Kind,* Quaest. for. III, c. 22; *Kraut,* Vormundschaft I, 98: »Die Behörde selbst als moralische Person hat Pflichten zu erfüllen, die ganze Behörde ist dem Kläger zur Entschädigung verpflichtet.«

auch die Garantie dafür übernimmt, dass dem Einzelnen ein Schaden aus dieser Einmischung des Staats nicht erwachse. Aus diesem Grund dürfte hier auch eine direkte Haftpflicht des Staats gerechtfertigt sein. Doch kann auch hier nur von einer Forderung der Gerechtigkeit gesprochen werden. Es darf nicht ohne Weiteres angenommen werden, dass das positive Recht diese Forderung der Gerechtigkeit anerkenne, wenn auch ein ausdrücklicher Rechtssatz nicht nachzuweisen sei. In den wichtigsten der hierher gehörigen Fällen setzen übrigens die meisten Particularrechte ausdrücklich die Haftung des Staats fest. Fast überall haftet der Staat für Arglist und Versehen der Grundbuch- und Hypothekenbeamten theils primär,[1] theils subsidiär für den Fall, dass von dem Beamten selbst Schadensersatz nicht zu erlangen ist.[2] Nur in wenigen Staaten ist die Haftpflicht auf die Beamten der Hypothekenbehörde beschränkt.[3]

Uebernimmt der Staat eine Haftung für die Rechtswidrigkeiten der Hypothekenbeamten, so ist es nur folgerichtig, von ihm eine Haftung in allen analogen Fällen zu verlangen, d. h. überall da, wo er die Einzelnen zwingt, bei der Vornahme von privatrechtlichen Geschäften sich der Mitwirkung einer staatlichen Behörde zu bedienen.

---

[1] Königreich Sachsen, s. *Heyne*, Commentar über die sächs. Hypothek.-Ordnung II, 42 u. ff.; Mecklenburg-Schwerin und M.-Strelitz (mit einer Ausnahme), s. *v. Meibom*, Mecklenburg. Hypoth.-Recht S. 65 u. f.; Sachsen-Weimar, Ges. vom 6. Mai 1839 § 355; Sachsen-Altenburg, Ges. vom 13. October 1842 § 141; Sachsen-Meiningen, Ges. vom 15. Juli 1862 Art. 29. — Ferner Oestreich, Gesetz vom 12. Juli 1872 § 1, vgl. *Exner*, Oestr. Hypoth.-Recht I, 24 u. f. — Für das gemeine Recht behauptet die primäre Haftung ein Erk. der Heidelberger Juristenfacultät von 1836, *Seuffert*, Archiv XVII, 145.

[2] Preussen, Grundbuch-Ordnung vom 5. Mai 1872 § 29, s. *Dernburg* und *Hinrichs*, Preuss. Hypoth.-Recht I, 134 u. f.; Bayern, *Roth*, Bayr. Civilrecht I, 225, *Regelsberger*, Bayr. Hypoth.-R. S. 107; Mecklenburg-Strelitz, Hypoth.-Ord. für die ritterschaftlichen Hintersassen von 1855 § 52, s. *v. Meibom* a. a. O. — In Baden haften nur die Städte subsidiär, Ges. vom 24. Juni 1874 § 9, s. *Heinsheimer* bei *Puchelt*, Das rheinisch-franz. Privileg.- und Hypothekenrecht S. 154. — Für das gemeine Recht behauptet subsidiäre Haftung ein Erkenntniss des O. A. Gerichts zu Jena von 1847, *Seuffert* V, 174.

[3] So nach französischem Recht in Elsass-Lothringen, s. *Puchelt*, Das französische Hypoth.-Recht S. 177, 188; in Baden, s. *Heinsheimer* a. a. O. S. 119 u. ff. (mit Ausnahme der Städte); in Würtemberg, Pfandgesetz vom 15. April 1825 Art. 223 u. ff. Vgl. *Römer*, Würtemberg. Unterpfandrecht S. 96 u. f.

So namentlich da, wo Beurkundung oder gar Prüfung und Bestätigung von Rechtsgeschäften gesetzlich gefordert wird.[1]

5) Nicht blos auf dem Gebiet des Privatrechts, sondern auch auf dem Gebiet des öffentlichen Rechts kann der Staat mit den seiner Gewalt unterworfenen Personen Verträge abschliessen. Dahin gehört der Vertrag, durch den das Staatsdienerverhältniss begründet wird.[2] Dahin gehören die Verträge, durch welche der Staat Staatsanleihen aufnimmt, wenn auch bei diesen öffentlich-rechtliche und privatrechtliche Elemente mit einander verbunden sind. Dahin gehören ferner die Hinterlegungsverträge, durch welche der Staat sog. gerichtliche Deposita in Verwahrung nimmt. Dabei macht es keinen Unterschied, ob der Staat durch seine Gesetze die Hinterlegung vorgeschrieben hat oder ob er nur sich bereit erklärt, freiwillig ihm angebotne Deposita anzunehmen. Auch im erstern Fall wird ein Vertrag zwischen dem Hinterlegenden und dem Staat geschlossen. Das Rechtsgeschäft verliert den Vertragscharakter dadurch nicht, dass das Gesetz den Abschluss des Vertrags vorschreibt. Weigert sich jedoch der Verpflichtete die Hinterlegung vorzunehmen und bewerkstelligt der Staat die Hinterlegung zwangsweise durch seine Beamten, so kann zwar von keinem Vertrage mehr die Rede sein — denn es fehlt die Willenserklärung der einen Partei — aber es entsteht dann ein vertragsähnliches Forderungsrecht, das den vertragsmässigen Forderungsrechten analog zu behandeln ist. Ein solches vertrags-

---

[1] *Dernburg,* Preuss. Privatrecht I, 467, hält die Haftung des Staats für die Grundbuchbeamten desshalb für gerechtfertigt, weil der Staat gleichsam im Namen der Gesammtheit der Grundbesitzer die Einrichtung der Grundbücher geschaffen habe und weil in den Gebühren, die für Grundbuchsachen entrichtet werden, gewissermassen die Prämien für eine wechselseitige Assecuranz der Grundbesitzer wie der eingetragenen Realgläubiger liege. Diese Gründe sind an sich kaum zutreffend. Der Staat handelt nicht im ausschliesslichen Interesse und noch weniger im Namen der Grundbesitzer und haftet nicht bis zum Betrage der gezahlten Gebühren, sondern mit dem gesammten Staatsvermögen. Wären diese Gründe aber richtig, so würden sie ebenso auf alle analogen Fälle Anwendung finden, da überall für die Mitwirkung der Behörden bei Rechtsgeschäften Gebühren zu zahlen sind.

[2] *Laband,* Staatsrecht des deutschen Reichs I, 401, der mit Recht gegen die herrschende Ansicht nachweist, dass das Staatsdienerverhältniss durch einen Vertrag begründet werde. Unrichtig ist m. E. nur, wenn *Laband* darin die einzige Begründungsart sieht und darauf die Begriffsbestimmung des Staatsbeamten stützt. Vertrag ist eine der Arten, aber nicht die einzige Art der Begründung.

ähnliches Forderungsrecht entspringt ferner aus der Sequestration und Beschlagnahme, sei dieselbe im civil- oder im strafprozessualischen Verfahren von Beamten verfügt worden.

Die Rechtssätze des Privatrechts, die sich auf Abschluss und Erfüllung von Verträgen beziehen, werden auch auf die öffentlich rechtlichen Verträge zur Anwendung kommen müssen, soweit sich nicht aus der öffentlich rechtlichen Natur des Vertrags etwas anderes ergibt oder soweit nicht ein positiver Rechtssatz etwas anderes bestimmt. Ist weder das eine noch das andere der Fall, so haben diese Rechtssätze einen allgemeinen, der Natur des Vertrags entsprechenden Charakter und müssen auch auf öffentlich rechtliche Verträge Anwendung finden.

Daraus ergibt sich auch die Haftpflicht des Staats für Rechtswidrigkeiten, welche sich seine Beamten bei Abschluss oder Erfüllung dieser öffentlich rechtlichen Verträge zu Schulden kommen lassen. Der Staat ist verpflichtet Schadensersatz zu leisten, da die Beamten, auch wenn sie öffentlich rechtliche Functionen ausüben, seine Stellvertreter sind, der Vertretne aber für dolus und culpa, welche der Stellvertreter bei Erfüllung des Vertrags begeht, zu haften hat.[1] Nach römischem Recht ist der Depositar berechtigt die hinterlegten Sachen einem Dritten anzuvertrauen und haftet, wenn sie bei diesem verloren oder beschädigt werden, nur, sofern ihn bei der Auswahl eine Verschuldung trifft.[2] Im allgemeinen aber haftet der Depositar nur für Arglist, nicht für Nachlässigkeit.[3] Bei einer consequenten Anwendung dieser Sätze auf gerichtliche Deposita hätte man zu einer Haftpflicht des Staats nicht gelangen können.[4] Die Noth-

---

[1] Siehe oben S. 63 u. ff.

[2] *Seuffert,* Pandectenrecht § 316 II, 202; *Goldschmidt,* Zeitschrift für Handelsrecht XVI, 302. — L. 16 D. depositi 16, 3.

[3] *Windscheid* II, § 378. — L. 1, § 10, L. 32 D. dep. 16, 3.

[4] In einem Erk. vom 26. Juli 1851 wandte das Oberappellationsgericht zu Dresden die römisch-rechtlichen Sätze auf gerichtliche Deposita an, erklärte aber trotzdem den Staat dann für haftpflichtig, wenn die Veranlassung zur Deposition oder die Wahl des Depositars nicht von dem Deponenten ausging. L. 1 § 35 D. h. t. In einem solchen Falle könne der Depositar sich von der Haftung nur befreien, wenn er sich auf einen casus, wodurch die Herausgabe der unversehrten Sache unmöglich geworden sei, zu beziehen vermöge. *Seuffert,* Archiv V, 135.

wendigkeit einer solchen machte sich aber schon im vorigen Jahrhundert geltend.[1] Suchte man sie zunächst auf eine zu präsumirende Fahrlässigkeit des Landesherrn bei Anstellung oder Beaufsichtigung der Depositalbeamten zurückzuführen,[2] so haben inzwischen fast alle deutsche Staaten durch gesetzliche Bestimmung oder auf dem Wege des Gerichtsgebrauchs und des Gewohnheitsrechts die unbedingte Haftung für die Rückzahlung der gerichtlichen Deposita anerkannt. Nach der obigen Ausführung muss eine prinzipale Haftung als das richtigere bezeichnet werden, wobei selbstverständlich dem Staat die Klage gegen den schuldigen Beamten vorbehalten bleibt. Jedoch haben einzelne Staaten nur eine subsidiäre Haftverbindlichkeit übernommen.[3]

Ist die Haftpflicht des Staats für die auf Grund eines Vertrags ihm anvertrauten Deposita fast überall anerkannt, so muss auch eine analoge Ausdehnung derselben gerechtfertigt erscheinen für diejenigen Gegenstände, welche zwar nicht durch einen Ver-

---

Indess ist die Anwendbarkeit von L. 1 § 35 auf gerichtliche Depositen doch zweifelhaft. S. *Glück*, Erläut. der Pandecten IV, 552 (§ 324 Note 73). Ferner aber wäre darnach der Staat bei freiwilligen Depositen nicht haftbar.

[1] Siehe oben S. 44 u. f.

[2] *Bülow* und *Hagemann*, Practische Erörterungen (1804) IV, 268. Desshalb sei der Fiscus auch nur für Unterschlagung und Veruntreuung haftbar, nicht aber für Nachlässigkeit bei Rückzahlung, da der Regent die Verabfolgung des depositi weder versagen noch untersuchen könnte, ob sie auch mit der gehörigen Vorsicht geschehen sei. — Vgl. auch *Overbeck*, Meditationen über verschiedene Rechtsmaterien (1796) VII, 242, der sich bei Besprechung der noch heute in Geltung stehenden Depositalordnung für Lippe-Detmold vom 12. März 1789 für die Haftung des Staats, wenn auch nicht ganz rückhaltslos ausspricht.

[3] Eine directe Verpflichtung besteht in Preussen (alte Provinzen), Gesetz vom 19. Juli 1875 betreff. das Hinterlegungswesen § 3; Baden, Gesetz vom 3. August 1837 Art. 17, 18; Grossh. Hessen, Ges. vom 20. Oct. 1821 § 19; Braunschweig, Ges. vom 27. Dez. 1862 und 20. August 1867 § 28; Sachsen-Weimar, Ges. vom 12. Febr. 1840 § 85, 86; Oldenburg, Bekanntmachung vom 26. Febr. 1840; Elsass-Lothringen, Gesetz vom 4. Nov. 1872 und 24. April 1833; Oestreich, Gesetz vom 12. Juli 1872 § 1. — Nur subsidiär haftet der Staat in den ehemals kurhessischen Landestheilen und in Bayern (siehe oben S. 45); ferner in Mecklenburg, Depositalordnung vom 20. Sept. 1834 und in Sachsen-Meiningen, Ges. vom 29. März 1833 Art. 7. — Eine directe Haftung des Staats besteht nach Praxis der Gerichte im Königr. Sachsen; *Seuffert*, Archiv V, 135; XVII, 123. Vgl. überhaupt Archiv II, 159; III, 257; VII, 321; XXIII, 139; XXV, 110.

trag dem Staate anvertraut worden sind, die aber der Staat unter Anwendung seiner Zwangsgewalt in Verwahrung genommen hat. Dass der Staat zur Rückgabe derselben, soweit sie sich in seiner Verwahrung befinden, verpflichtet ist, sobald der Grund der Verwahrung oder Beschlagnahme aufhört, ist selbstverständlich. Dagegen ist die Verpflichtung des Staats für die Beschädigung oder den Verlust zu haften, die durch Verschuldung seiner Beamten verursacht worden sind, keineswegs anerkannt. Zwar haben einzelne höchste Gerichte mehrfach in analoger Anwendung der gesetzlichen Haftung des Staats für Deposita den Staat auch ersatzpflichtig erklärt für die in Verwahrung oder in Beschlag genommnen Gegenstände,[1] aber von Seiten der Regierungen wird die Haftung des Staats meist geläugnet.[2] Bei Berathung der Strafprozessordnung war im deutschen Reichstag der Antrag gestellt worden, dass der Fiscus für die Rückgabe der in Verwahrung oder in Beschlag genommnen Gegenstände nach den für die gerichtlichen Hinterlegungen geltenden Rechtsnormen haften solle; dieser Antrag aber ward mit *einer* Stimme Majorität abgelehnt.[3]

Wir sind hiermit zum Schlusse unserer Untersuchungen gelangt. Wir hoffen den Nachweis geliefert zu haben, dass nach positivem Recht in Deutschland eine allgemeine Haftung des Staats aus den rechtswidrigen Handlungen seiner Beamten nicht existirt, und dass eine solche mit logischer Nothwendigkeit sich weder aus den Begriffen des Staats und der Beamten noch aus dem Verhältniss der Unterthanen zu der Staatsgewalt ergibt. Auch die Gerechtigkeit fordert

---

[1] *Seuffert,* Archiv III, 257, 327; V, 135; XXVI, 34.

[2] Vgl. insbesondere die Mittheilungen *Bähr's* in dem deutschen Reichstag bei Berathung der Strafprozessordnung. Sitzung vom 29. November 1876. Stenogr. Ber. S. 466 u. f.

[3] Stenogr. Berichte 1876 S. 462 u. ff. Der Antrag war gestellt worden von *Bähr* und *Haenel.*

keine allgemeine Haftung des Staats. Es gibt überhaupt kein allgemeines Prinzip, das die Frage entscheidet. Vielmehr bedarf es einer Untersuchung der einzelnen Verhältnisse, in welche der Staat mit seinen Unterthanen tritt, um nach deren rechtlicher Natur zu entscheiden, ob eine Haftung des Staats für die rechtswidrigen Handlungen der Beamten gerechfertigt ist oder nicht.

Printed in Dunstable, United Kingdom

91221358R00087